열 가지 당부

열 가지 당부

십 대부터 알아야 할
노동 인권 이야기

근로 계약서
쓰시죠.

노동법

하종강 이수정 김영민 하지현 류은숙
곽한영 임지선 정혜연 윤자영 신경아 지음

창비

노동과 무관한 삶이 있을까요?

도깨비방망이도, 램프의 요정 지니도 없는 우리는 서로의 노동에 기대어 살 수밖에 없어요. 매일 먹는 음식과 매일 신는 운동화, 친구와 즐거움을 나누는 스마트폰, 스마트폰에서 눈을 뗄 수 없게 만드는 영상과 게임, 지금 읽고 있는 이 책까지 모두 누군가의 노동 덕에 누리고 있지요. 우리 삶에 필요한 많은 상품과 서비스는 그것을 만들어 내는 누군가의 노동이 없다면 세상에 있을 수 없어요.

그런데 우리는 노동에 대해 얼마나 알고 있을까요? 우리 삶의 바탕을 이루는 노동을, 우리는 평소에 어떻게 마주하고 있을까요? 나는 어떤 노동을 하며 살고 싶은지 생각해 볼 기회는 많은가요? 그렇지 않다면 그 이유는 뭘까요?

이 책은 이런 질문을 함께 나누고 싶어 준비했어요. 자본주의 사회에서 돈을 벌기 위한 노동은 대부분 피하고 싶은 일로 이야기되곤 해요. '돈 많은 백수'나 '조물주 위의 건물주'를 꿈꾼다고 농담처럼 이야기하는 이도 있죠. 우리 삶의 바탕을 이루는 노동이 어쩌다 피하고 싶은 일이 되어 버렸을까요? 또 돈을 버는 노동이 아니라면 의미가 없는 걸까요? 돈을 위해서만 노동을 할까요?

성장과 성취감, 이웃 또는 사회와 관계 맺기 등 노동에는 여러 가지 얼굴이 있어요. 우리는 좋든 싫든 노동하며 살아가요. 나의 노동으로 다른 이의 삶을 지탱하고, 나 역시 다른 이의 노동으로 삶을 꾸려 가지요. 그런데 그 노동이 피하고 싶은 일 일색이라면 너무 불행할 거예요. '어쩔 수 없다'고 그냥 버티고 체념하기보다 왜 피하고 싶은 일이 됐는지 이유를 살펴보는 건 어떨까요? 어떻게 바꿀 수 있을지 모색해 보는 시간도 필요하지 않을까요? 몸과 마음을 잘 돌보면서 일하고, 함께 잘 살 수 있는 길을 찾는 것은 무척 중요하니까요.

책 속 이야기를 따라 길 찾기를 하다 보면 흥미로운 질문도 만나게 될 거예요. 손흥민과 방탄소년단, 전태일의 공통점은 무엇인지, 우리에게 필요한 것은 '노력'보다 '노조'라고 말하는 이유는 무엇인지, 인권은 왜 트로피가 아니라고 하는지, 하멜이 표류하는 동안 열심히 기록을 남긴 이유는 무엇인지 등등, 이 책을 통해 이런 질문의 답을 구할 수 있어요. 그뿐만 아니라 노동 존중 사회를 펼쳐 가기 위해 애써 왔던 역사와, 내가 발 딛고 있는 곳에서 그것을 실천할 방법도 알게 될 거예요. 또 어두운 터널 혹은 음료 공장에서 홀로 일하다 죽거나 다치는 일이 단지 개인의 불행이 아니라 노동과 노동자를 대하는 방식에 문제가 있기 때문이라는 사실도 깨닫게 될 거고요.

노동이 무엇인지, 노동자가 누구인지, 노동하며 살게 될 우리가 마주하게 될 고민은 무엇인지, 인간다운 노동 환경은 어떻게 만들어 갈 수 있을지 여러분과 머리를 맞대고 이야기 나누고 싶어요. 노동과 무관한 삶은 없으니까요.

겨울의 초입에서
이수정

차
례

첫 번째 당부
노동자의 뜻

하종강 (성공회대학교 노동아카데미 주임교수)

'노동'이라는
단어를 두려워하지
마세요

에밀레종을 만든 신라 사람은?

신라의 역사를 생각하면 사람들은 보통 김춘추·김유신·선덕 여왕 같은 정치인들을 머리에 떠올립니다. 그러나 외국에서 한국 역사를 공부한 사람들은 조금 다릅니다. 대박사 박종일 같은 이름이 신라를 상징하는 사람으로 우선 머리에 떠오른다고 합니다. 지금 이 책을 읽는 사람 중에 박종일이 누군지 아는 사람은 거의 없을 것입니다. 박종일은 에밀레종을 만든, 8세기 후반 신라의 뛰어난 주종 기술자입니다.

"신라는 당시 첨단 산업인 청동 주조 분야에서 가장 우수한 기술을 갖고 있는 나라였다. 그 시대에 '박사'는 국가가 인정한 뛰어난 장인을 가리키는 말이었고, 최고의 경지에 다다른 기술자에게는 '대박사'라는 호칭을 부여했다. 이처럼 기술자를 존중하는 제도가 있었기 때문에 우수한 기술을 갖는 것이 가능했다."

　외국에서는 신라의 역사에 대해 가르칠 때 이와 같은 내용을 중요시합니다. 그렇다면 백제의 역사에 대해서는 어떨까요? 백제를 생각할 때 우리 머리에 떠오르는 사람은 계백 장군·의자왕 정도일 것입니다. 그런데 백제는 당시 가장 우수한 고대 건축 기술을 갖고 있는 나라였습니다. 6세기 후반 일본에 건너가 건축 기술을 가르쳐 일본 고대 건축의 훌륭한 스승으로 존경받는 백제의 건축 기술자를 아시나요? 우리는 잘 모르지만 외국에서 한국 역사를 공부한 사람들은 알고 있습니다. 석마제미·양귀문 같은 기술자들입니다. 세계에서 역사가 가장 오래된 기업은 약 1,500년의 역사를 갖고 있는 일본의 전통 가옥 보수 회사인데 그 회사 설립자가 바로 백제 사람입니다.

　조선 시대가 배경인 역사 드라마를 보면 왕족이나 사대부, 선비 등 주로 양반 계급이 주인공일 때가 많습니다. 조선 시대 초기에 양반 계급은 전체 인구의 몇 퍼센트쯤 되었을까요? 구한말이 아니라 고려 시대 말기와 조선 시대 초기에 양반 계급은 전체 인구의 약 2퍼센트였습니다. 한 마을에 100명이 살고 있다면 그중에 양반은 단 2명뿐이라는 뜻입니다. 그렇다면 그 사회의 98%를 차지하고 있었던 농민·천민·상놈·머슴·노비…… 이런 사람들은 실제로 어떻게 살았을까요? 우리는 잘 모릅니다. 학교에서 별로 가르치지 않기 때문입니다.

다른 나라에서는 이러한 내용을 학교에서 가르칩니다. 역사 속에서 평범한 사람들의 삶이 어떠했는지 자세히 배웁니다. 서민의 '생활사'가 중요한 비중을 차지하고 있습니다. 지금 우리 시대에 비추어 말하면 '사장님'의 삶만 중요한 것이 아니라 그 회사에 다니고 있는 수많은 '노동자'의 삶 역시 중요하기 때문입니다. 이러한 분야의 학문을 '미시사'라고 합니다. 다른 나라에서 한국 역사를 공부한 사람들은 알고 있는 사실을 정작 우리는 잘 모르고 있습니다. 우리는 정치사 중심으로 역사 교육을 해 왔기 때문입니다.

다른 나라에서는 가르치는데 한국에서는 가르치지 않는 내용이 또 있습니다. 그중 대표적인 것이 바로 '노동'입니다.

학교에서 노동 교육을 한다고?

최근 몇 년 동안 현장 실습을 나갔던 청소년들이 사망하는 사건이 여럿 발생했습니다. 그 원인은 물론 여러 가지입니다. 우선 청소년들을 데려다가 가혹한 환경에서 일을 시킨 회사에 큰 책임이 있습니다. 그런데 또 다른 원인 중 하나로 학교에서 노동 교육을 거의 하지 않아서 청소년들이 학생에서 노동자로 신분이 바뀐 뒤에 자신을 방어할 능력이 거의 없었다는 문제가 지적되기도 했습니다. 노동법·최저 임금·노동조합 등에 대한 지식이 전혀 없어서 실습 현장에서 부당한 대우를 받아도 그것이 부당한 것인지조차 인식하지 못하고, 설령 인식한다 해도 어디에 하소연해야 하고 어떻게 해결해야 하는지 알지 못하는 경우가 많다는 것입니다.

2011년 당시 곽노현 서울시 교육감이 "학생들에 대한 노동 인권 교육의 필요성에 100% 공감한다. 특히 특성화 고교에서는 필수적인 만큼 올해부터 민주 시민 교육의 중요한 일부로 적극 제시하겠다."라고 밝히자 이에 대한 논란이 뜨거웠습니다. 경영계에서는 "노동 인권 교육이 근로자의 권리를 강조하는 방향으로 편향될 가능성이 높아 학생들에게 반(反)기업 정서를 불러일으킬 수 있다."라며 비판했습니다. 보수 정당인 당시 한나라당은 "현실을 외면한 시대착오적인 이념 교육이 우리 아이들의 미래를 어둡게 한다."라며 비난하기도 했습니다.

어느 쪽의 주장이 객관적이고 합리적인지 알아보기 위해 우선 다른 나라의 학교에서는 어떻게 하고 있는지 참고할 필요가 있습니다. 거의 모든 선진국에서는 학교에서 노동 교육을 철저하게 시행하고 있습니다.

모의 노사 교섭을 해 보는 독일 초등학생들

독일에서는 초등학교에서 모의 단체 교섭이 일상화된 특별 활동으로 자리 잡고 있습니다. 학생들은 1년 동안 여섯 차례에 걸쳐 모의 노사 교섭을 진행합니다. 초등학생 때부터 경영자 역할도 맡아 보고 노동조합 간부 역할도 맡아 보면서 미래 사회에 대비합니다. 기업 경영에 관한 각종 자료들이 주어지면 학생들이 스스로 경영자 대표도 뽑고 노동조합 대표도 뽑아서 임금 협상을 하고 단체 협약을 체결해 보기도 합니다. 적정한 임금 인상률에 대한 고민과, 그 단체 협약이 노동자의 삶과 사회 전체에 미치는 영향에 대한 판단을 초등학교에서부터 경험하는 것입니다.

340쪽의 분량 중에 93쪽을 노동 교육에 할애한 중등 사회과 교과서도 있고 청소년 실업에 관한 내용을 29쪽에 걸쳐 설명한 교과서도 있습니다. 추상적이고 이론적인 내용만 가르치는 것이 아니라 '지금 눈앞에서 벌어지고 있는 생생한 사실들'을 토론 주제로 다룹니다. 독일 금속 노조와 사용자 단체가 체결한 임금 협약, 금융 노조와 사용자 단체가 체결한 기본 협약 등과 함께 노동조합이 발표한 성명서, 노동 문제에 대한 신문 기사 등이 교과서에 실려 있습니다. 또 교과서에는 교섭 과정에서 하는 "동맹 형성하기, 편지나 요구서 작성하기, 서명 운동 전개하기, 항의 문건 작성하기, 플래카드나 벽보 만들기, 협약 체결하기, 대중 매체(언론)와 인터뷰하기, 연설문 작성하기" 등이 모두 수록되어 있습니다.

이러한 사실을 처음 알고 나면 한국의 교사나 학부모 들은 "학교에서 학생들에게 데모하는 기술을 가르치고 있네."라며 걱정하기도 합니다. 그런데 독일에서는 이러한 내용을 왜 학교에서 가르칠까요? 사회 전체에 유익하기 때문입니다.

중등 사회과 교과서에서는 "노사 관계란 가족 관계와 더불어 인간이 자기를 실현하며 살아가는 가장 중요한 관계이며 민주주의와 공동 결정의 장"이라고 정의하고 있습니다. 그 말이 백번 맞습니다. 우리 사회에도 가정보다 회사에서 더 많은 시간을 보내야 하는 직장인이 많습니다. 직장에서의 노사 관계가 삶의 질을 결정하는 가장 중요한 조건이 되는 것이 당연합니다. 학생들 대부분이 장차 노동자가 되는 사회에서는 학교의 정규 수업 과정에서부터 노동 문제를 중요한 비중으로 가르쳐야 하는 것이 오히려 당연한 일입니다.

프랑스 학생들의 토론 주제들

프랑스에서는 고등학교 1학년 '시민·법률·사회' 과목에서 '단체 교섭의 전략과 전술'에 관한 내용이 교과서에서 3분의 1 정도의 비중을 차지하고 있기도 합니다. 교과서 목차에 나오는 토론 주제들만 간단히 소개하면 다음과 같습니다.

　－노동시장 유연성은 일자리를 만들어 내는가, 아니면 노동자의 권리에 타격을 주는가?
　－주 35시간 노동은 과연 진보인가?
　－노동 시장에서의 성차별을 어떻게 줄여 나갈 것인가?

－프랑스에서 노동조합은 항상 민주주의의 중요한 행위자였는
　가?
－협상은 권리의 새로운 표현 방법인가?
－시민들의 기본적인 권리를 제한하는 공공 분야의 파업은 왜
　가능한가?

　노동자 편향적이라고 오해하는 사람들이 있을지 모르겠지만,
전혀 그렇지 않습니다. 교과서에는 '노동 단원'과 함께 '기업 단
원'도 있습니다. '시장의 한계'도 다루지만 '공권력 개입의 전제
조건'도 다루지요. 이런 이야기를 하면 많은 어른이 이런 의문을
품습니다.
　"아니, 왜 고등학교에서 학생들에게 단체 교섭의 전략과 전술을
몇 달 동안이나 가르치는 거야?"
　그러한 지식을 구성원들이 서로 공유하는 것이 사회 전체에 유
익하다는 것을 깨달은 사회에서는 충분히 가능한 일입니다. 구성
원 대부분이 노동자이거나 그 가족인 사회에서는 일찍이 학교에
서부터 노동 조건이 노동자의 삶과 사회 전체에 미치는 영향 등에
대해 알아보고, 노동 조건을 둘러싼 기업과 노동자들의 관계에 대
해 공부하는 것이 지극히 당연한 일입니다.
　이러한 교육을 받고 노동자·경영자·언론인·정치인 등이 되는
사회와 그렇지 못한 사회에서 노동 문제를 이해하는 수준은 같을

수가 없습니다. 거의 산 것과 죽은 것만큼의 큰 차이가 있을 수밖에 없지요. 독일과 프랑스뿐만 아니라 미국과 일본을 비롯한 대부분의 선진국에서는 모두 학교에서 노동 교육을 철저히 하고 있습니다.

노동자와 근로자는 어떻게 다르지?

노동 문제에 대한 강연을 하고 나면 "근로자와 노동자의 차이가 무엇입니까?"라고 묻는 사람이 많습니다. '근로자'와 '노동자'는 어떻게 다른 단어일까요? 국어사전을 찾아보면 '근로자'에 대해서는 대부분 "부지런히 일하는 사람" "근로에 의한 소득으로 생활을 하는 사람" 등으로 간단하게 설명하고 있는 반면, '노동자'에 대해서는 "노동력을 제공하고 얻은 임금으로 생활을 유지하는 사람." "법 형식상으로는 자본가와 대등한 입장에서 노동 계약을 맺으며, 경제적으로는 생산 수단을 일절 가지는 일 없이 자기의 노동력을 상품으로 삼는다." 등으로 조금 더 자세히 설명되어 있습니다.

『조선왕조실록』에 '근로자'라는 단어는 23번 나오고 '근로'라는 단어는 198번이나 나옵니다. 그러나 '노동자'라는 단어는 한 번도 나오지 않습니다. 쉽게 말하면 중세 농경 사회의 노예·노비·머슴 등은 모두 '근로자'로 표기했다는 뜻입니다.

'노동자'는 근대 자본주의 경제 체제 아래에서 새롭게 나타난 피고용자 직장인 곧 '임금 생활자'를 뜻하는 단어로 널리 사용되기 시작했습니다. '부지런하게 일한다'는 뜻의 '근로'와 달리 고용-피고용 관계 아래에서 임금을 받기 위한 목적으로 행해지는 행위는 모든 한자 문화권 나라에서 주로 '노동'이라는 단어로 표현합니다.

　그런데 '근로자'라고 하면 '시키는 대로 열심히 일하는 성실한 사람'이라는 느낌이 들고 '노동자'라고 하면 '자기 권리를 주장하는 사람'이라는 느낌이 들기도 하니까 기업 경영자들이나 정치인들은 '근로자'라는 단어를 선호하고 '노동자'라는 단어를 기피하는 경향이 있습니다. 그 영향이 사회에 널리 퍼져서 '노동자'를 마치 불순한 단어처럼 생각하는 정서가 생겼다고 볼 수 있습니다. 일본이나 중국, 대만의 논문에서 '노동자 1,000명당 노동 손실 일수'라고 표기되는 통계를 우리나라 정부와 기업에서는 굳이 '근로자 1,000명당 근로 손실 일수'라고 번역합니다. 이렇게까지 할 필요는 없지요.

　참 이상한 것은 정부도 중요한 곳에는 '노동'이란 단어를 주로 사용한다는 것입니다. 정부 부처 명칭을 봐도 '고용노동부'라고 하지 '고용근로부'라고 하지는 않습니다. 정부 산하 기관들 명칭도 '노동청' '중앙노동위원회' '한국노동연구원' 등 대부분 '노동'이란 단어를 사용하고 있습니다.

제 수업을 들은 한 중국 유학생이 기말시험 답안지에 아래와 같은 내용의 글을 적은 적이 있습니다.

"중국에서는 16세 이상, 노동 능력을 가지고 있는 사람들을 노동자라고 한다. 그래서 공무원·교수·의사·환경미화원 등이 다 노동자이다. 이 수업을 들어 보니까 한국은 좀 다른 것 같다. 한국에 '근로자'라는 호칭도 있는 것이 신기하다."

한자를 쓰는 중국에서 태어나 20여 년간 살아오며 '근로자'라는 단어를 한 번도 보지 못했다가 한국에 와서 처음 보고 신기하게 느낀 것입니다. 중국에 '근로자'라는 단어가 아예 없지는 않겠지만 중국에서 태어나 자란 청년이 한국에 와서 처음 접했을 정도로 근대 이후에는 거의 사용하지 않는 단어인 것입니다.

근로라는 단어가 사용될 때

우리 역사 속에서는 일제 강점기부터 '노동'이란 단어가 사용되기 시작했습니다. 그런데 조선총독부가 '조선근로정신대'를 만들 때는 '근로'란 단어를 사용했고, 이승만 정부도 6·25 전쟁 당시 '전시근로동원법'을 만들 때 '근로'란 단어를 사용했습니다. 그러니까 우리 역사에서 근대 이후에 근로라는 단어가 사용될 때에는 노동의 정당한 대가가 지불되기 어려운 상황일 때, 또는 노동자성을 희석시킬 필요가 있을 때 주로 사용되었다는 것을 알 수 있습니다. 그래서 사회 과학 분야의 공부를 많이 한 학자들이나 노동조합에서 활동하는 사람들은 '노동'이라는 단어를 주로 사용합니다.

오래전 김대중 대통령의 '국민의 정부' 시절, 국회에서 한 국회 의원이 노동부 장관을 일부러 '근로부 장관'이라고 부른 적이 있습니다. 노동부 장관은 당연히 "나는 근로부 장관이 아니고 노동부 장관입니다."라고 답했습니다. 그러자 그 국회 의원은 "그런데 왜 '노동절'이 아니고 '근로자의 날'입니까?"라고 되물었습니다. 이건 또 무슨 이야기일까요? 세계에서 한자를 사용하는 모든 나라는 달력에 5월 1일을 '노동절'로 표기하는데 우리나라만 유일하게 '근로자의 날'이라고 표기합니다. 1963년 군사 정부 시절에 만든 이 명칭을 그 뒤 어떤 정부도 바꾸지 못하고 있는 것이 우리 현실입니다.

2017년 8월에 취임한 김영주 고용노동부 장관은 취임식에서 '근로자'가 아니라 '노동자'라는 단어를 사용했습니다. 문재인 정부는 새 헌법안을 마련하면서 "헌법의 '근로'라는 용어를 '노동'으로 수정하겠다."라고 발표하기도 했습니다. 국회에 우리나라 법률의 '근로'라는 표기를 '노동'으로 바꾸는 법안이 발의되기도 했습니다. 또 2019년 들어 서울시·창원시·경기도 의회에서는 모든 조례에 쓰인 '근로'를 '노동'으로 바꾸는 조례안이 통과되기도 했습니다. 이러한 현상은 우리나라도 이제야 다른 나라들과 비슷해지는 것에 불과합니다. '노동'에 대해 형성된 비정상적 인식이 정상화되는 것이지 특별히 불순한 일로 걱정해야 할 현상은 아닙니다.

노동부 장관이 노동조합에 가입했다고?

2007년 한국을 방문했던 핀란드교장협의회 회장 피터 존슨은
한국 교사들과의 대화에서 이런 말을 했습니다.

"핀란드에서는 대부분의 교장이 교원 노조에 가입해 있습니다.
저도 물론 그렇습니다."

유럽 선진국들에서는 교장 선생님도 교사 노조에 가입합니다.
영국에는 교사노조(NUT)와 함께 교장노조(NAHT)가 아예 따로
있습니다. 교장 선생님이 자신을 '노동자'로 생각한다는 뜻입니다.

한국에서 공무원 노조가 막 탄생할 무렵인 2002년, 주한 프랑스
대사관의 다니엘 르가르가송 부대사가 EBS TV 프로그램의 인터
뷰에서 한 말도 주목할 필요가 있습니다.

"제가 원한다면 노조에 가입할 수 있습니다. 공무원 노조에 직
급 제한은 없습니다."

선진국에서는 부대사뿐 아니라 차관 등 고위직 공무원도 노조
에 가입할 수 있습니다. 고위직 공무원 역시 '정부에 고용된 노동
자'로 보기 때문입니다. 사회가 발전할수록 이러한 경향이 강해집
니다. 선진국일수록 자신을 노동자라고 생각하는 사람들의 범위
가 점점 더 높은 직책으로 확대되는 경향이 있습니다.

독일 역대 노동부 장관들은 대부분 노동조합원입니다. 독일에서는 비교적 보수적인 정치인에 속하는 앙겔라 메르켈 총리조차 취임 인터뷰에서 "할 수만 있다면 총리가 된 뒤에도 노동조합원 자격을 유지하면서 조합비를 계속 내고 싶다."라고 말하기도 했습니다. 자신이 장관급일 때에는 '노동자'에 속할 수 있었지만 총리가 되면 지배 계급에 속하기 때문에 더 이상 '노동자'가 될 수 없다는 것이 매우 아쉽게 느껴진다는 뜻입니다. 우리나라에서는 상상하기 어려운 일이지만 어릴 때부터 학교에서 노동 교육을 철저히 시행한 나라에서는 충분히 가능한 일입니다.

소방관 노조부터 군인 노조까지

유럽에는 경찰 노조·소방관 노조가 설립되어 있는 나라도 많습니다. 경찰이나 소방관도 국가 권력과 마주하는 대립 구도 속에서는 자신을 '피고용자' '노동자'로 인식한다는 뜻입니다. 미국이나 캐나다에서도 마찬가지입니다. 캐나다 경찰 노조는 노동 조건 개선을 요구하면서 경찰 모자 대신 야구 모자를 쓰고 거리 집회를 하기도 했고, 정부에 항의하는 뜻으로 경찰복 바지만 우스꽝스럽게 입는 운동을 벌이기도 했습니다. 네덜란드 경찰 노조의 파업으로 축구 경기가 열리지 않는 바람에 네덜란드 리그에 진출한 한국 프로 축구 선수들이 충분한 휴식을 취할 수 있었다거나, 미국 시카고 경찰 노조가 경찰국장의 사임을 요구하며 시위를 벌였다는 뉴스도 가끔 볼 수 있습니다. 2015년 12월에는 프랑스 경찰 노조가 파리 시내에서 대규모 집회를 벌였는데, 근무 교대 시간이 되면 집회에 나온 경찰과 근무를 서던 경찰이 그 자리에서 서로 자리를 바꾸는 진풍경이 펼쳐지기도 했습니다.

우리는 이런 이야기를 들으면 '경찰까지 노동조합 활동을 하면 치안은 누가 지키고 도둑은 누가 잡나?' 하는 의문부터 품겠지만 그런 걱정을 할 필요는 없습니다. 노동조합이 생기고 노동 조건이 개선되면 근무 의욕이 상승해서 일을 더욱 잘하게 됩니다.

호주의 소방관 노조는 정부의 노동법 개악에 반대하는 집회에 화재 진압복 차림으로 참여하기도 했습니다. 이런 말을 들으면 우리나라 사람들은 또 '소방관까지 노동조합 활동을 하면 불은 누가 끄나?' 그런 걱정을 하겠지만, 노동조합 활동을 통해서 소방관들의 노동 조건이 개선되면 더욱 우수한 인력이 소방관에 지원하게 되고 일도 더 잘하게 됩니다. 파푸아뉴기니나 피지 같은 작은 나라들에도 소방관 노조가 합법화되어 있습니다. 이 말은 우리나라가 경제적으로는 선진국일지 몰라도 노동조합에 대한 이해에 있어서는 이런 작은 나라들보다 더 후진적이라는 뜻입니다.

프랑스에는 판사 노조·변호사 노조도 있습니다. 판사들과 변호사들 역시 스스로 자신을 노동자로 인식하고 있다는 뜻입니다. 자신들이 원하는 올바르고 가치 있는 삶을 살아가는 것이 한 사람의 힘만으로는 불가능하다는 것을 알기 때문에 법이 보장한 노조의 깃발 아래 단결한 것입니다. 격무에 시달리면서 '날림 판결'을 하는 판사가 되는 것을 원치 않았고, '법복의 권위'와 '빛나는 지성'과 '판결의 엄숙성'과 같은 가치들을 무시해서가 아니라 오히려 그런 가치들을 좀 더 바르게 유지하기 위하여 그들은 노동조합이라는 언덕에 의지했습니다. 언제인가 한국 노동조합 간부들이 프랑스에 가서 활동한 적이 있었는데, 그때 프랑스 판사 노조와 변호사 노조의 조합원들이 찾아와서 며칠 동안이나 법률 자문을 담당해 주었다는 기사가 우리나라 신문에 실린 적이 있습니다.

스웨덴·덴마크·독일·벨기에·네덜란드 같은 선진국은 물론 남아프리카공화국이나 슬로베니아 같은 개발 도상국에도 군인 노조가 활동하고 있습니다. 군대에 노조가 설립되면 비리와 성추행이 줄어드는 등 군대가 청렴해져서 군인들이 본연의 임무에 더욱 충실할 수 있습니다. 이러한 이야기를 듣고 '우리는 남북이 대치하고 있는 분단국이기 때문에 군인 노조는 적절치 않다.' 하고 생각하는 사람도 있겠지만 군인 노조 덕분에 군대가 정의로워지고 국방이 튼튼해질 수 있기 때문에 분단국일수록 군인 노조는 더 필요하다고 할 수도 있습니다. 심지어 영국에는 '007' 같은 비밀 정보원들이 소속되어 있는 'MI6'라는 정보기관에도 노동조합이 있고, 비밀 정보원들 역시 익명으로 가입을 허용하고 있습니다.

이런 현상은 산업 혁명 이후 자본주의 체제가 자리 잡는 300년 가까운 세월 동안 계속되었습니다. 다양한 직종의 노동자들이 다양한 종류의 노동조합을 설립하는 현상이 끊이지 않았습니다. 자신은 노동자가 아니라고 생각했던 사람들이 점차 자신도 노동자임을 깨닫고 새로운 노동조합을 만드는 일이 300여 년간 계속되고 있고, 이는 앞으로 제4차 산업 혁명이 발생해도 계속될 것입니다. 우리는 학교에서 이런 것들에 대해 제대로 배우지 못했기 때문에 이해하기 어려운 것뿐입니다.

우리 사회는 어느 쪽으로 가고 있을까?

우리 사회도 점차 이렇게 변해 가는 것을 막을 수는 없습니다. 다른 선진국들이 근대화 또는 산업화 과정에서 일찍이 겪은 현상을 우리는 수십 년 뒤늦게 따라가고 있는 것뿐입니다. 조금만 자세히 살펴보면 우리나라도 비슷한 과정을 밟고 있다는 것을 쉽게 알 수 있습니다.

조합원 대부분이 석·박사 학위를 갖고 있는 노동조합이 한국 사회에도 벌써 100여 개나 됩니다. 연구 기관 노동조합의 행사에 가 보면 조합원들이 서로 부르는 호칭이 대부분 '박사'일 때가 많습니다. 장차 석·박사 학위를 받고 연구소에서 일하게 될 사람들도 노동조합에 가입하게 될 것이라는 뜻입니다.

방송사나 신문사에 취업해 기자, 피디, 아나운서로 일하게 될 사람들은 언론 노조에 가입해서 활동하게 됩니다. 지금 우리나라에서 가장 인기 있고 신뢰받는 방송인 손석희 씨도 예전에 방송사 노동조합 활동을 열심히 했던 사람이고 방송 노조 파업에 앞장섰다가 구속되어 교도소에 다녀오기도 했습니다.

선생님이 되는 사람은 교사 노조와 만나게 될 것입니다. 1989년 선생님들의 노동조합인 전교조(전국교직원노동조합)가 처음 만들어질 당시 대통령은 대국민 담화를 발표하면서 "신성한 교직이 어떻게 노동자인가?"라고 개탄했습니다. 다른 나라에서는 교장 선생님도 스스로 노동자라고 생각하는데 한국에서는 교사들이 자신을 노동자라고 인식하는 것이 용납되지 않았습니다. 그래서 1,600여 명의 교사들이 전교조에 가입했다는 이유로 해직되었습니다. 전 세계 어느 나라에서도 노동조합에 가입했다는 이유만으로 이렇게 많은 교사를 해고하는 일은 발생하지 않았습니다. 한국 사회의 노동조합에 대한 이해 수준이 다른 나라들보다 그만큼 낮았다는 뜻입니다.

중요한 사실은 정부가 그렇게 많은 교사를 해고했지만 전교조가 이 땅에 뿌리내리는 것을 결국 막지 못했다는 것입니다. 전교조 조합원 수가 가장 많을 때는 10만 명이나 되었습니다. 우리나라 교사 수가 모두 40만 명쯤 되니까 초·중·고등학교에서 학생들을 가르치는 교사 4명 가운데 1명은 전교조 조합원이었다는 뜻입니다.

10여 년이 지난 뒤에 공무원 노조가 똑같은 과정을 따라 밟았습니다. 노동조합에 가입했다는 이유로 정부가 3,000여 명이나 되는 공무원을 징계했지만, 우리나라 공무원들이 도청, 시청, 군청, 구청, 읍·면·동사무소마다 노동조합을 설립하는 것을 막을 수는 없었습니다. 청소년들 중에서 앞으로 교사가 되는 사람은 교사 노조와 만나게 될 것이고, 공무원이 되는 사람은 공무원 노조와 만나게 될 것입니다.

앞으로 사회가 발전할수록 이러한 일은 더욱 많아질 수밖에 없습니다. 그것이 '역사의 순리'입니다. 강물이 높은 곳에서 낮은 곳으로 흘러가는 것처럼 역사의 강물도 흘러가는 방향이 있습니다. 점점 다양한 노동자가 자신이 노동자임을 깨닫고 새롭게 노동조합에 참여하는 현상이 산업 혁명 이후 300년 가까운 세월 동안 계속되고 있습니다.

전문직 노동자, 두뇌 노동자, 지식 노동자, 골드 칼라 등 여러 가지로 표현할 수 있겠지만 부인할 수 없는 분명한 사실은 그 사람들도 자신의 노동력을 제공하고 임금을 받아 살아가는 '노동자'라는 것입니다. '지식 기반 사회'라는 말은 지식인이 노동자가 될 수밖에 없는 사회라는 뜻을 포함한다고 볼 수도 있습니다.

우리 사회에는 "교사가 무슨 노동자야?" "공무원이 무슨 노동자야?" "교수가 무슨 노동자야?" 이렇게 비난하는 사람들이 있는가 하면 "교사도 노동자입니다." "공무원도 노동자입니다." "교수도 노동자입니다." 이렇게 주장하는 사람들도 있습니다. 이 서로 다른 주장들 사이에서 우리 사회는 조금씩 어느 주장 쪽으로 가고 있을까요? 시간이 좀 걸리고 엎치락뒤치락하겠지만, 사회는 노동자들의 주장이 조금씩 실현되는 방향으로 변화하고 있습니다. 교사 노조와 공무원 노조가 그 좋은 예입니다. 그러니 우리 사회에 언젠가는 설립될 경찰 노동조합이나 소방관 노동조합을 '불법'이라며 계속 막을 것이 아니라, 그러한 노동조합들을 어떻게 준비해야 우리 사회에 유익한 영향을 끼치게 될지 지금부터 고민하는 것이 훨씬 더 현명한 일입니다. 개인적 성향에 따라 이러한 현상을 받아들일 수도 있고 받아들이지 않을 수도 있겠으나 중요한 것은, 이러한 일들이 이미 부인할 수 없는 엄연한 사실이며, 사회가 발전할수록 이러한 현상은 더욱 많아질 수밖에 없다는 것입니다.

청소년 여러분은 곧 대부분 노동자가 됩니다. '노동'이나 '노동자'라는 단어를 두려워하거나 어색해할 필요는 없습니다.

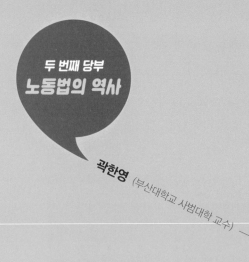

두 번째 당부
노동법의 역사

곽한영 (부산대학교 사범대학 교수)

포기하지 마세요,
앞서간 이들이
그러했듯이

어둠에 갇힌 아이들

1908년, 한 아이가 어둠 속에 우두커니 앉아 있습니다. 이 아이의 이름은 밴스. 이제 겨우 중학생 나이인 열다섯 살이지만 미국 웨스트버지니아주의 탄광에서 일한 지 벌써 5년이 넘었습니다.

밴스가 하는 일은 석탄가루와 습기가 가득한 저 자리에 앉아 있다가 갱도를 따라 화차(화물을 실어 나르는 차.)가 올라오면 문을 열어 주고 또 닫기를 반복하는 일입니다. 사진작가가 플래시를 터트려서 이만큼이나 밝아진 것이지 밴스는 하루 종일 완전히 깜깜한 어둠 속에 유령처럼 앉아 있어야 합니다. 모자에 전등이 달려 있기는 하지만 비상용이라서 평소에는 켤 수 없습니다.

사진작가 루이스 하인(Lewis Hine)은 그 어둠 때문에 사진을 찍을 때는 문에 쓰인 글씨들을 전혀 몰랐다가 현상하는 과정에서 발

견하고 깜짝 놀랐다고 합니다.

"문 닫아. 그게 네가 할 일이야."

"제발 새들을 무섭게 하지 마세요."

그리고 여기저기 날지 못하고 쓰러져 있는 새들의 그림.* 너무나 외롭고 심심했던 밴스가 어둠 속을 더듬어 손가락으로 쓰고 그린 글과 그림입니다. 이렇게 하루에 열 시간을 일해서 밴스가 받는 돈은 겨우 75센트였습니다. 2018년 기준으로 환산하면 우리 돈으로 2만 원 정도입니다.

그런데 자칫하면 시력을 잃을 정도의 어둠에 갇힌 밴스의 처지도 그보다 불과 몇십 년 전, 마찬가지로 광산에서 일했던 친구들에 비하면 훨씬 나아진 것입니다. 산업 혁명기, 탄광에서 일하는 아이들은 기어서야 겨우 들어갈 수 있는 좁은 터널을 오가며 탄을 날랐습니다. 바구니를 허리에 매고 기어서 석탄을 운반하는 작업에는 남녀노소가 따로 없었고 탄광 안은 무척 더워서 아예 옷을 벗고 일하는 아이들이 많았습니다. 그러다가 갑자기 지하수가 차오르거나 허술하게 만든 버팀대가 무너지기라도 하면 그곳은 그대로 아이들의 무덤이 되었습니다.

● 당시 광부들은 지하에서 유독 가스가 나올 경우 빨리 대피하기 위해 공기에 민감한 카나리아 같은 새를 새장에 담아 데리고 들어갔습니다. 밴스는 이 문을 통해 광부들과 함께 매일같이 지하로 들어가는 새장 속 카나리아를 보면서 자신의 처지와 같다고 생각했던 것은 아닐까요?

미국 사진작가 루이스 하인이 찍은 「문 여닫는 아이, 밴스」.

이런 열악한 노동 환경은 당연히 수많은 죽음을 불러왔습니다. 산업 혁명의 본고장인 영국에서 노동자 계급의 생활 환경에 관해 연구한 1842년 에드윈 채드윅의 보고서에 따르면 대표적인 공업 도시 리버풀의 경우 지주 혹은 부르주아(상공업을 통해 큰돈을 번 사회 중산층.) 계급의 평균 수명이 35세인데 반해 노동자 계급은 그 절반도 안 되는 15세였습니다.

노동자들은 어째서 이토록 처참한 상황에 몰리게 된 걸까요? 이들을 지켜 줘야 할 법은 무엇을 하고 있었던 걸까요?

근대 민법의 세 원칙

근대는 두 개의 혁명을 거쳐 이루어졌다고 볼 수 있습니다. 하나는 새로운 사회 주도 계층으로 '부르주아'를 탄생시킨 산업 혁명이고, 다른 하나는 이들이 완전히 정치적 주도권을 얻게 되는 시민 혁명입니다. 17세기 영국의 명예혁명, 18세기 프랑스 혁명이 바로 대표적인 시민 혁명이지요. 산업 혁명이 경제적인 차원에서 자본주의를 탄생시켰다면, 시민 혁명은 정치적인 차원에서 민주주의를 통해 이를 뒷받침했습니다.

산업 혁명을 통해 부를 쌓은 부르주아들이 굳이 힘들여 정치적 권리까지 확보하려 한 까닭은 무엇일까요? 가장 대표적인 이유는 바로 그 부, 그러니까 재산권을 지키고 자유롭게 행사하기 위해서였습니다. 왕과 귀족으로 대표되는 신분제의 틀에 얽매여 있는 한 자신들의 재산을 지킬 수도, 다양한 경제 활동을 통해 부를 늘리거나 행사하는 것도 어려웠기 때문입니다.

그래서 시민 혁명 이후 개인과 개인의 법률관계에 타인 혹은 국가가 개입해서는 안 된다는 원칙들이 생겨나기 시작합니다. 1804년에 만들어진 나폴레옹 법전에 이르러 '근대 민법의 3원칙'이 확고하게 정리되지요. 그 내용은 개인의 재산권을 함부로 제한해서는 안 된다는 '소유권 절대의 원칙', 개인 사이에는 어떤 계약이든 자유로이 맺을 수 있다는 '계약 자유의 원칙', 내가 잘못한 일이라면 배상을 하거나 책임을 져야겠지만 내 잘못이 아닌 일에까지 책임을 지우면 안 된다는 '과실 책임의 원칙' 등입니다.

지금의 눈으로는 그다지 특별해 보이지 않지만 이런 법이 생기기 전 신분제 사회에서는 내가 어떤 직업을 가질지, 누구와 결혼할지, 어디에 살고 어디로 이사 갈지도 자유롭게 선택할 수 없었습니다. 지금 우리가 당연하게 여기는 일상의 자유는 모두 이런 근대적 법 원칙들이 확립되면서 비로소 가능해진 것이지요.

노동자와 사용자 간에 맺어지는 계약도 개인과 개인 사이의 계약이기 때문에 위의 세 가지 원칙이 적용되었습니다. 즉, 억지로 협박해서 힘든 일을 시키거나, 주기로 한 월급을 제대로 주지 않는다면 잘못된 일이겠지만 노동자 본인이 하겠다고 해서 근로 계약을 맺은 것이라면 다른 사람이 간섭하거나 못 하게 해서는 안 된다는 것입니다. 월급이 적더라도, 일이 아무리 위험하거나 힘들더라도 일단 계약을 맺었다면 상관없었습니다. 목숨을 건 탄광 노동도, 최저 생계비에도 못 미치는 임금도, 학교도 제대로 다니지 못하고 걸음마를 떼자마자 시작되던 아동 노동도 모두 본인이 그런 조건들을 감수하겠다고 자유로운 의지로 계약을 맺은 것이므로 문제 되지 않는다는 식이었지요.

계약은 정말 자유로울까?

하지만 개인과 개인의 '자유로운 계약'이 가능하려면 두 개인이 동등한 위치에 있다는 전제 조건이 필요합니다. 힘으로 강제하지 않는다 해도 한쪽이 경제적으로 절대적인 우위에 있다면 과연 자유로운 계약이란 것을 맺을 수 있을까요? 근대 민법의 3원칙을 다시 하나씩 살펴봅시다.

'소유권 절대의 원칙'에 따르면 회사는 온전히 기업주의 소유물이므로 노동 환경을 아무리 열악하게 만들어 놓더라도 노동자나 타인이 간섭할 수 없습니다. 복지 제도나 시설을 제공할 의무도 없지요. '계약 자유의 원칙'에 따르면 사용자와 노동자 간에 아무리 낮은 임금, 아무리 많은 노동 시간으로 계약이 이루어지더라도 동등한 두 당사자의 자유로운 의사에 따른 계약으로 인정됩니다. 하지만 실제로 두 당사자가 '동등'한가요?

노동 계약에서 회사, 즉 사용자는 노동자에 비해 훨씬 강한 위치에 있습니다. 조건이 맞지 않으면 사용자는 다른 노동자와 계약을 맺으면 그만이지만, 노동자의 경우 일자리를 잃으면 생계를 위협받게 되니까요. 이렇게 다른 상황에 놓인 두 당사자가 그냥 계약을 맺게 되면 당연히 노동자가 불리한 조건을 감수할 수밖에 없습니다. 게다가 이 원칙에 의하면 노동조합을 만드는 것은 '자유로운 계약'을 침해하는 독점 행위이자 공모죄로, 노동조합은 처벌의 대상이 되는 불법 단체가 됩니다.•

또 '과실 책임의 원칙'에 따르면 공장에서 재해가 발생하더라도 노동자는 아무런 보상을 받을 수 없게 됩니다. 프레스 기계에 손을 다친다 해도 그건 '부주의'했던 노동자 자신의 과실이지 사용자가 직접적으로 과실을 저질렀다고 볼 수 없기 때문입니다. 이러한 원칙들의 논리적 결과가 앞서 살펴본 무제한 노동, 위험한 노동 환경, 그리고 아동과 여성에 대한 학대였습니다.

이러한 원칙들은 형식적으로는 모든 사람의 자유와 평등을 보장할지 모르겠지만 현실적으로 존재하는 사람들 간의 입장 차이, 빈

• '공모'란 '음모(conspiracy)를 꾸미다'라는 뜻으로 여러 사람이 짜고 다른 사람을 괴롭히거나 범죄를 저지르는 것을 말합니다. 당시에는 노동조합의 목적이 '노동자들끼리 짜고 임금을 올리거나 일을 하지 말자고 약속하는 것'이라고 생각해 '공모죄'라는 죄목을 붙인 것입니다. 노동조합을 탄압하기 위한 구실이었습니다.

부 격차 등을 제대로 반영하지 못하기 때문에 실질적인 자유와 평등은 보장하지 못한다는 비판이 일었습니다. 근대 민법의 3원칙에도 예외를 두어야 한다고 주장하는 사람들이 나타난 것입니다.

새로운 원칙들도 생겨났습니다. 개인의 재산권도 절대적인 것이 아니라 공공의 행복과 이익을 위해 경우에 따라 제한될 수 있다는 '재산권 행사의 공공복리 적합 의무', 계약이 자유롭게 맺어졌다는 것만으로는 부족하고 그 내용도 올바른 것이어야 한다는 '계약 공정의 원칙', 사용자의 과실이라는 점이 명확하지 않더라도 때로는 사용자에게 일정한 책임을 지울 수 있다는 '무과실 책임의 원칙' 등이 등장하게 된 것입니다.

노동관계는 비록 개인 간의 법률관계이지만 노동자가 사용자에 비해 훨씬 약하기 때문에 국가가 노동의 영역에 개입하여 균형을 맞출 필요가 있다는 생각이 퍼지게 되었습니다. 이렇게 사법의 영역이지만 공법적 존재인 국가가 부분적으로 개입하는 법률의 영역을 '사회법'이라고 부르게 되었고 그 대표적인 사례로 등장한 것이 바로 '노동법'입니다. 그렇다면 노동법은 열악한 상황에 어떻게 대처해 나갔을까요?

법이 개정되면서

영국에서 산업 혁명이 절정에 달했던 1700년대 후반에서 1800년대는 노동자들의 삶이 벼랑 끝으로 몰린 시기이기도 합니다. 삶은 점점 더 힘들어져만 가는데 노동자들의 권리를 주장할 방법은 없고, 노동자들의 토론이나 단체 결성을 금지하는 악법들은 속속 만들어져 갔습니다. 불만이 쌓이자 사회적 갈등은 여기저기서 파열음을 내기 시작했습니다.

대표적인 사건이 1811년부터 약 7년간 이어졌던 '러다이트 운동'입니다. 사람들이 비밀리에 뭉쳐서는 가상의 지도자인 '러드'의 통솔하에 현재의 가난과 불경기의 원인이 기계 공업에 있으므로 기계를 파괴하자는 주장을 펼쳤지요. 최근에는 이 운동을 문제의 원인을 제대로 파악하지 못한, 낡은 사고의 대표적인 예로 많이 이야기합니다. 문제의 원인이 기계 그 자체에 있는 것은 아니었으니까요. 하지만 당시 노동자들로서는 이 운동이 삶과 죽음의 경계에서 표출하는 몸부림이었을 것입니다. 이후 이런 몸부림은 노동자들의 주장을 실제로 반영할 수 있는 대표를 의회로 보내야 하고, 그러려면 노동자도 선거권을 획득해야 한다는 '차티스트 운동'으로 이어지게 됩니다.

갈등이 커져 가자 노동 문제를 제도적으로 해결해야 한다는 주장들도 힘을 얻게 됩니다. 지식인들과 양심 있는 사용자들이 앞장서서 1833년에는 공장 연소 근로자 보호법이 만들어집니다. 깨끗한 노동 환경, 아동에 대한 의복 제공, 아동 노동 12시간 제한, 하루 4시간 이상 교육 제공 등의 내용이 담겼지요. 이후 영국의 공장법은 여러 차례 개정을 거치게 되는데 그 결과 하루 노동 시간이 무제한이었다가 1833년에는 12시간, 1847년에는 10시간, 1890년에는 8시간으로 점차 줄어들었습니다. 법 개정을 통해 느리지만 조금씩 노동 환경이 나아지기 시작한 것입니다.

이런 변화는 크게 보자면 근대 민법의 3원칙이 수정된 것이라고 볼 수 있습니다. 먼저 '계약 자유의 원칙'에 의하면 어떤 내용의 근로 계약이든 정당하다고 인정되었지만, 이제는 '계약 공정의 원칙'에 따라 최저 근로 기준이 정해지고 그 기준에 미달하는 계약은 공정하지 않은 계약, 즉 불법이 되었습니다. 노동 시간 제한, 노동 안전 기준, 여성과 아동 노동 보호 그리고 최저 임금제 등이 그 최저 근로 기준에 해당됩니다.

다음으로 '과실 책임의 원칙'은 '무과실 책임의 원칙'으로 바뀌어 일부 예외가 인정되었습니다. 이제 산업 재해 문제에 관해서는 사용자가 명확한 과실이 없더라도 보상을 해 주도록 했습니다. 예를 들어 공장에서 일을 하다가 기계에 손이 끼어 다쳤을 경우 예전에는 기계에 안전장치를 제대로 갖추어 놓지 않았거나 안전 교육을 제대로 하지 않는 등 사용자의 과실이 있을 때만 보상을 해 주도록 했는데 이제는 사용자와 상관없이 노동자가 실수해서 다치게 된 경우라도 보상받을 권리가 인정됩니다.

또한 '소유권 절대의 원칙'이 기본 원칙이지만 경우에 따라 '소유권 공공의 원칙'을 적용하여 사용자가 노동자를 위해 고용 보험

료를 내거나 사내 복지 기금을 쌓도록 하는 등의 제도들이 만들어
졌습니다.

협상이 노동자에게 불리하니까

그럼 이제 노동자와 사용자의 관계는 균형을 이루게 된 것일까
요? 아직 부족한 것이 있습니다. 법으로 최소한의 노동 조건들을
강제할 수는 있겠지만 그 이상의 문제들, 예를 들어 임금 인상이나
휴게, 복지, 작업장 안전 등에 관한 세부적인 일들은 개별적으로
협상해서 결정할 수밖에 없습니다. 노동자와 사용자의 관계는 기
본적으로 개인과 개인 사이의 법률관계이고 회사마다, 사람마다
서로 처한 입장이나 조건이 다르기 때문입니다. 그렇다면 이런 협
상 과정에서 노동자들의 권리를 지킬 수 있도록 법이 도울 수 있
을까요?

협상이 노동자에게 불리한 이유는 사용자에 비해 협상력이 약
하기 때문입니다. 체격이 작고 힘이 약한 사람과, 온갖 운동으로
몸이 다져진 건장한 사람이 빵 한 조각을 어떻게 나눌 것인지를
결정한다고 생각해 봅시다. 처음에는 서로 대화로 해결하려고 하
겠지만 둘 다 배가 고파서 서로 빵을 차지하려고 다투게 된다면
힘센 사람이 빵을 가져가게 될 가능성이 높습니다. 하지만 힘이 약
한 사람이라 해도 여러 명이 뭉쳐서 협상에 임한다면 힘센 사람과

비슷한 입장에 설 수 있지 않을까요?

법에는 이렇게 개입을 통해 좀 더 약한 쪽의 대응력을 키워 주는 원칙이 있습니다. 이를 '무기 대등의 원칙'이라고 합니다.* 대표적으로 '국선 변호인 제도'가 있습니다. 재판을 받는 형사 피고인이 가난해서 변호인을 구하기 어려울 때 국가에서 대신 변호인을 선임해 주어 자신의 주장을 충분히 펼칠 수 있도록 돕는 제도입니다. 노동법에서는 다수의 노동자가 힘을 합칠 수 있도록 보장해 주는 방식으로 이 원칙을 세워 줍니다. 그것이 바로 노동법의 핵심으로 불리는 '노동 3권'입니다.

노동 3권은 단결권, 단체 교섭권, 단체 행동권을 합쳐서 부르는 말입니다. 이 세 권리는 서로 연결되어 있습니다. 먼저 단결권은 노동자들이 힘을 합쳐서 노동조합을 결성하거나 이에 가입할 수 있는 권리를 말합니다. 노동조합을 만드는 것이 정당한 노동 계약을 방해하는 '공모죄'로 처벌되던 시절도 있었지만 벌써 100년도 더 된 옛날 이야기지요. 지금은 노동조합을 만들고 가입하여 활동하는 권리는 함부로 방해하면 안 되는 기본권으로 여겨지고 있습니다.

---

* '무기 대등의 원칙'은 재판에 나서는 양쪽 당사자가 대등한 지위에서 법적으로 다툴 수 있도록 같은 무기를 지녀야 한다는 뜻으로 원래는 형사 재판에서 온 말입니다. 형사 재판에서 국가 기관의 힘, 정보력, 수사권, 법적 지식을 지니고 있는 검사와 피고인 개인이 두 당사자로 주장을 펼치게 될 경우 당연히 검사가 압도적으로 유리합니다. 그래서 변호사를 선임할 권리, 묵비권 등 여러 방어 수단을 피고인에게 주어 대등한 위치에서 재판에 임할 수 있도록 하는 것입니다.

그런데 애써 노조를 만들어 놓고 정작 임금 협상을 할 때는 노동자들이 1명씩 테이블에 앉아야 한다면 의미가 없겠지요? 그래서 단체를 주체로 교섭할 수 있고, 단체를 단위로 협약을 맺을 수 있도록 한 권리가 '단체 교섭권'입니다. 노조가 전체 노동자를 대표해서 임금 협상을 하는 것이지요.

그런데 이런 단체 교섭이 의미가 있는 것은 '단체로 움직일 때' 노동자의 힘이 더 커질 수 있기 때문입니다. 다시 말해 노조를 결성해 단체로 교섭에 임한다 해도 정작 사용자를 압박할 수 있는 행동을 할 수 없다면 협상 테이블에 단체로 앉아 있다 한들 제대로 협상하기 힘들 것입니다. 따라서 협상을 위해 파업과 같은 단체 행동을 할 수 있는 권리를 보장하는 것이 '단체 행동권'입니다.

우리나라에는 파업, 시위 등 단체 행동에 대해 부정적인 시각이 많아서 '파업＝불법'이라고 곧바로 떠올리는 분들이 많습니다. 하지만 파업은 헌법으로 보장된 노동권에 기반한 정당한 권리, 존중되어야 할 권리입니다. 간혹 법적인 절차를 지키지 않은 '불법 파업'이 없는 것은 아니지만 교통 신호를 어기는 운전자들이 있다고 해서 모든 자동차 운행이 불법이라고 말하는 것이 황당한 주장인 것처럼 노동자들의 단체 행동에 대해 무조건 색안경을 끼고 바라보는 시각은 바뀔 필요가 있습니다. 우리 자신도 노동자이고 노동자들이 주장하는 노동 조건의 개선은 곧 우리 삶의 조건을 개선하는 일이기도 합니다.

그런데 지금까지 살펴본 이런 법의 개선 과정은 저절로 이루어진 것은 아닙니다. '노동의 권리'라는 무거운 바윗돌을 지치지 않고, 포기하지 않고 굴려 올린 많은 사람이 있었습니다. 마지막으로 그 가운데 몇 사람의 이야기를 들려 드릴까 합니다.

포기하지 않은 사람들

근대 영국에서 노동과 관련해 만들어진 초기의 법은 아이러니하게도 노동자를 보호하는 것이 아니라 억압하는 법이었습니다. 1799년 영국에서 만들어진 '단결 금지법'은 노동자들이 노동조합을 만드는 것을 금지하는 악법이었습니다. 이 법을 폐지하기 위해 앞장선 사람이 프랜시스 플레이스(Francis Place)입니다. 재단공으로 일하던 그는 노동자들의 권익을 향상시키려고 노력하다가 해고를 당해 힘든 시간을 보냈습니다. 가게를 차려 겨우 재기에 성공한 그는 가게 뒤편에 서재를 만들어 두고 매일 퇴근 후 세 시간씩 경제와 노동 문제를 공부했습니다. 이 힘든 상황을 이겨 내는 데에 배움이 가장 큰 힘이 될 것이라고 믿었기 때문입니다. 이렇게 배운 내용과 그 과정에서 만난 친구들을 통해 법의 부당성을 꾸준히 알린 결과 단결 금지법은 1824년 사라졌습니다.

하지만 간신히 철회되었던 법은 기업주들의 강력한 요청으로 이듬해인 1825년 다시 한번 입법됩니다. 노동자들의 안타까운 처지에 깊은 아픔을 느끼고 있었던 공장주 로버트 오언(Robert Owen)은 이런 상황을 무척 안타깝게 여겼습니다. 그 자신도 어려운 어린 시절을 거쳐 힘들게 성공한 오언은 자신의 공장 '뉴 래너크'를 이상적인 공간으로 만들고자 했습니다. 깨끗한 환경에서 안전하게 일할 수 있으며 노동자 가족마다 좋은 집이 주어지고 아이들에게는 무상 교육이 이루어지는, 당시로서는 꿈같은 공동체였습니다. 오언은 이런 아름다운 공존이 단지 자신의 공장에서 그치지 않고 전 세계로 확장되어 나갈 수 있다고 믿었습니다. 그래서 미국으로 건너가서 과감하게 전 재산을 들여 인디애나주에 거대한 공동체 마을을 건설했습니다. 하지만 현실을 너무 앞서간 탓인지 이 공동체는 크게 실패했고 오언 자신도 재산의 대부분을 잃었습니다. 그러나 오언은 굴하지 않고 계속해서 다양한 공동체 운동을 벌여 나갔고 마침내 그의 활동은 생산자 협동조합, 소비자 협동조합, 그리고 현재의 산업별 노동조합 운동의 시초가 됩니다.

이 글의 첫머리에 소개한 사진작가 루이스 하인도 평생을 노동자들이 더 나은 삶을 사는 사회를 만드는 데 바친 사람입니다. 독학으로 어렵게 공부한 끝에 교사가 된 하인은 교육 자료를 만들기 위해 사진을 찍다가 사진이 세상을 바꾸는 도구가 될 수 있다는 것을 깨닫게 됩니다. 그래서 교사 생활을 그만두고 사회 운동 단체와 함께 노동자들의 실상을 사진을 통해 알리고 법과 제도를 바꾸는 일에 투신합니다. 사진을 찍지 못하도록 막는 공장 관계자들을 피하기 위해 우편배달부나 외판원, 때로는 전력 검침원 등으로 변장한 뒤 숨어들어 사진을 찍었습니다. 폭행과 살해 협박이 끊임없었지만 굴하지 않았습니다.

그의 작품 시리즈 가운데 유명한 것 중 하나는 미국 엠파이어스테이트빌딩의 건설 과정에서 안전 장비도 없이 철골 끄트머리에 매달려 작업을 하는 노동자들의 모습을 찍은 것입니다. 뉴욕의 풍경이 까마득하게 펼쳐져 있는 절벽 같은 곳에서 나사를 조이는 나이 든 노동자의 모습이 무척 아슬아슬해 보이지만 사실 더 위험한 사람은 사진을 찍는 하인이었습니다. 하인은 노동자의 모습을 가까이에서 잘 담기 위해 지상 300미터 높이에 걸어 둔 바구니에 매달려 사진을 찍었다고 합니다.

하인은 특히 아동 노동 문제에 관심이 많았는데 그의 사진에 충격을 받은 미국인들 사이에 공감대가 형성되면서 아동 노동을 금지하거나 엄격하게 제한하는 쪽으로 아동 노동법이 개정되는 성과를 거두었습니다.

앞서 노동 시간이 무제한에서 하루 12시간, 10시간, 8시간으로 점차 줄어들었고 근대 민법의 3원칙도 노동자들의 권익을 향상시키는 방향으로 꾸준히 개정되어 왔다고 말씀드렸죠? 이런 법의 변화들은 저절로 혹은 누군가 온정을 베풀어서 어느 날 갑자기 이루어진 것이 아닙니다. 플레이스나 오언, 하인 같은 사람들의 꾸준한 노력과 희생을 통해 이루어진 것입니다.

미국 사진작가 루이스 하인이 찍은 「나이 든 건설 노동자2」.

가게 뒤편의 서재에서 밤새워 어려운 법을 공부하며 사람들을 설득할 글을 쓰고 인쇄물을 돌렸던 플레이스, 전 재산을 바쳐 노동자들의 행복과 경제적 성장이 함께하는 공동체가 가능하다는 것을 증명하고자 했던 오언, 사회의 그늘진 곳을 찾아다니며 고통받는 노동자들과 아이들의 모습을 널리 알린 하인의 노력이 제도로 결실을 맺은 것이 지금 우리가 당연하게 여기고 있는 노동법, 그리고 노동의 권리입니다.

전태일의 죽음을 계기로

우리나라의 노동법도 많은 사람의 노력과 희생을 바탕으로 조금씩 나아져 왔습니다. 법과 제도라는 것이 정치의 영향을 많이 받는 데다 특히 노동법은 이해관계가 치열하게 맞부딪치는 영역이다 보니 우리나라에서는 민주화와 노동법의 발전이 궤를 같이하는 경우가 많았습니다. 해방, 4·19 혁명, 1987년 6월 민주 항쟁처럼 민주화를 통해 인권이 강조되던 시기에는 노동법이 강화되었다가 5·16 쿠데타, 10월 유신, 독재 정권 등으로 민주주의가 후퇴하게 되면 노동법도 함께 후퇴하기를 반복했지요. 그 고비마다 우리 국민들은 힘을 모아 조금씩 노동법이라는 바위를 산 위로 밀어 올려 왔습니다.

그 길고 험난한 여정에 커다란 전기를 마련한 사람이 바로 전태

일입니다. 끼니도 잇기 힘든 가정 환경 속에서 17세부터 재단사로 일하던 전태일은 열악한 노동 환경에서 고통받는 노동자들의 처지를 개선해야겠다고 마음먹게 됩니다. 허리도 펼 수 없을 정도로 천장이 낮은 상자 모양 방에 갇혀 하루 종일, 휴일도 없이 재봉틀을 돌리다 폐렴으로 생을 마치는 어린 노동자들을 위해 독학으로 근로 기준법을 공부하고 이를 근거로 노동자들의 권리를 주장했습니다. 하지만 돌아온 것은 위험인물이라는 낙인과 해고뿐이었지요.

전태일은 노동자 문제를 널리 알리고자 1970년 평화시장에서 분신을 하게 되었습니다. 그의 비극적인 죽음은 우리 사회에 큰 충격을 주었고 많은 사람이 노동 운동과 노동법 문제에 관심을 갖는 계기가 되었습니다.

불붙은 몸으로 죽어 가면서 그가 외친 절규가 "근로 기준법을 준수하라!"였다는 것은 노동법을 이야기하는 이 자리에서 아주 중요한 의미를 갖습니다. 우리는 흔히 좋은 법, 적절한 제도가 없기 때문에 문제가 해결되지 않는다고 생각하기 쉽지만 전태일의 시대에는 이미 번듯한 근로 기준법이 있었습니다. 하지만 아무도 이 법이 중요하다고 생각하지도, 이 법을 지키려고 하지도 않았기 때문에 비극이 거듭되었습니다.

현재 우리 헌법에는 제32조와 제33조에 노동 3권을 비롯한 여러 노동의 권리가 분명하게 나와 있습니다. 이를 바탕으로 한 노동 관

제32조

① 모든 국민은 근로의 권리를 가진다. 국가는 사회적·경제적 방법으로 근로자의 고용의 증진과 적정임금의 보장에 노력하여야 하며, 법률이 정하는 바에 의하여 최저임금제를 시행하여야 한다.

② 모든 국민은 근로의 의무를 진다. 국가는 근로의 의무의 내용과 조건을 민주주의원칙에 따라 법률로 정한다.

③ 근로조건의 기준은 인간의 존엄성을 보장하도록 법률로 정한다.

④ 여자의 근로는 특별한 보호를 받으며, 고용·임금 및 근로조건에 있어서 부당한 차별을 받지 아니한다.

⑤ 연소자의 근로는 특별한 보호를 받는다.

⑥ 국가유공자·상이군경 및 전몰군경의 유가족은 법률이 정하는 바에 의하여 우선적으로 근로의 기회를 부여받는다.

제33조

① 근로자는 근로조건의 향상을 위하여 자주적인 단결권·단체교섭권 및 단체행동권을 가진다.

② 공무원인 근로자는 법률이 정하는 자에 한하여 단결권·단체교섭권 및 단체행동권을 가진다.

③ 법률이 정하는 주요방위산업체에 종사하는 근로자의 단체행동권은 법률이 정하는 바에 의하여 이를 제한하거나 인정하지 아니할 수 있다.

런 법률로 근로 기준법, 산업 재해 보상 보험법, 최저 임금법, 노동 조합 및 노동관계 조정법 등 30개가 넘는 법이 있습니다. 또한 이 법들이 제대로 지켜지고 있는지 감시하고 관리하기 위해 중앙 정부의 고용노동부를 비롯하여 각 지역에 고용노동청이 설립되어 일하고 있습니다.

하지만 이렇게 법과 제도가 만들어졌다고 해서 저절로 노동의 권리가 지켜지고 나날이 향상될 것이라고 생각해서는 안 됩니다. 노동법의 역사를 통해 살펴보았듯 법보다 훨씬 중요하고 근본적인 것은 사람들의 의지입니다. 우리는 서로 존중해야 할 동등한 인간이라는 인식, 안전한 환경에서 일하고 일한 만큼 대가를 받는 것은 노동자의 당연한 권리라는 자각, 인간으로서 존엄성을 지킬 수 있는 최소한의 조건을 만드는 것은 우리 모두의 의무라는 믿음이 풀뿌리처럼, 나무 등걸처럼 얽히고설켜 노동법과 이에 근거한 노동자의 권리라는 거대한 숲을 이루어 왔습니다.

노동법을 만들고 진전시키려는 노력들은 대개 실패의 연속이었지만 그 역사는 헛되이 사라지지 않고 숲의 바닥에 가라앉아 든든한 밑거름이 되었습니다. 그리고 그 바닥에서 솟구쳐 일어나 포기하지 않고 다시 뚜벅뚜벅 길을 걸은 사람들 덕분에 주 5일, 8시간 노동, '일과 여가의 균형'을 고민하는 우리의 '오늘'이 만들어졌습니다.

여전히 많은 문제가 우리 앞에 가로놓여 있습니다. 비정규직 문제, 여성 고용 차별 문제, 소득 격차 문제 등 가야 할 길이 멉니다. 머지않아 노동이라는 길 위에 설 여러분이 포기하지 말고 꿋꿋이 '더 인간다운 삶과 노동'이라는 꿈을 찾아 걸어가기를 바랍니다. 플레이스가 그랬듯이 더 나은 법과 제도는 어떤 것이라야 할까 고민하고, 오언이 그랬던 것처럼 더 나은 세상이 가능하다는 것을 믿고 실천에 옮기시기 바랍니다. 하인이 그랬던 것처럼 고통받는 사람들의 소리 없는 외침에 귀를 기울이고, 전태일이 그랬던 것처럼 그들과 나 자신의 권리를 지키기 위해 노력하시기 바랍니다. 지치지 말고 노동법이라는 바위를 산 위로 끌어올리시기 바랍니다. 여러분에 앞서 먼저 길을 닦았던 사람들이 그러했듯이 말입니다.

참고 문헌

문재훈 『노동법』, 삶이보이는창 2008.
박승두 『노동법의 역사』, 법률SOS 2009.
이상윤 『노동법』 제15판, 법문사 2017.

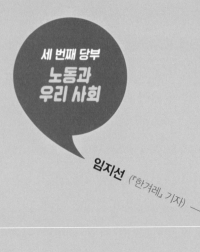

세 번째 당부
노동과
우리 사회

임지선 (『한겨레』 기자)

노동의 질에
관심을 가져
보세요

감자탕집에서 일하던 날

앞치마가 축축했습니다. 밥 한술 뜨려고 숟가락을 드는데 힘이 없어서 손가락이 덜덜 떨렸죠. 2009년, 저는 취재를 위해 인천의 24시간 감자탕집에 취업을 했습니다. 24시간을 주간반과 야간반으로 나누어 12시간씩 종업원을 고용하는 곳이었습니다. 그 식당에 취업을 한 것은 최저 임금 언저리의 월급을 받는 이들, 아무리 열심히 일해도 가난할 수밖에 없는 노동자들이 실제로 어떻게 일하며 살아가는지 파악하기 위해서였습니다.

약 500제곱미터의 넓은 감자탕집을 운영하는 사장은 갈수록 장사가 안 된다며 메뉴를 늘리고, '홀 서빙' 직원 수는 1명으로 줄였습니다. 그 1명이 저였죠. 감자탕집이지만 삼겹살도 구워야 했습니다. 단체 손님이 와 30여 개 테이블 사이를 온종일 뛰어다녔던 날, '몸이 무너지는 것'을 느꼈습니다. 몸이 무너지거나 말거나, 하루 12시간의 노동 시간은 반드시 채워야 했습니다. 아침 10시에 출근해 가게에 들어서면 밤 10시가 지나야 가게 문을 나설 수 있었습니다. 몸에서는 고기 냄새, 반찬 냄새가 진하게 났습니다.

사장이 직원 수를 줄이니 일하는 이들이 모두 휴일을 제대로 챙기지 못하게 됐습니다. 대체해 줄 사람이 없어서 '주방 언니'(주방에서 요리, 설거지 등을 담당하는 종업원.)는 석 달째 하루도 쉬지 못했다고 했습니다. 제가 퇴근할 때 출근하는 '야간 종업원'들도 마찬가지였습니다. '엄마'이자 '아내'인 자신들이 단 하루도 쉬지 못한 채 한 달 내내 일을 하니 집에 김치가 떨어졌다고, 종업원들은 감자탕집의 김치를 담그며 한숨을 쉬었습니다. 그렇게 하루 12시간, 한 달을 일하면 120만 원을 받았습니다.

용광로에서 일어난 사고

발바닥이 후끈했습니다. 신발이 녹을 것만 같았죠. 2010년, 충남의 한 철강 회사에 있는 용광로(정확한 이름은 전기로.) 안에 들어갔습니다. 평소에는 섭씨 1,600도의 쇳물이 담겨 있는 거대한 통입니다. 그때는 사흘을 내리 식힌 것이라는데도 안에 들어가면 곧 땀방울이 맺힐 정도로 뜨거웠습니다.

바닥에 쌓인 허연 쇳가루 위에는 만지면 부서져 버릴 듯한 뼈

두 조각이 남아 있었습니다. 사흘 전 새벽, 용광로 주변에 걸린 철 조각을 빼내는 정리 작업을 하던 29세 직원이 1,600도 쇳물 통에 빠졌습니다. 그가 특이한 행동을 한 것은 아닙니다. 이 공장에서는 하루에 100톤 분량의 고철을 용광로에 쏟아 7~8번 녹여 내는데 다음 고철을 쏟기 전에 한번씩 정리 작업을 합니다. 용광로의 크고 둥근 뚜껑을 열어 뚜껑 주변에 걸려 있는 고철을 안으로 넣거나 밖으로 빼내는 작업입니다. 2층 높이의 용광로 주변에는 접근을 막겠다고 허술한 쇠사슬만 걸려 있을 뿐입니다.

뚜껑 주변 이물질이 잘 제거되지 않으면 별다른 방법이 없습니다. 한쪽 발을 쇠사슬 안으로 넣고 팔을 뻗기 일쑤라고 합니다. 2인 1조로 서로 손을 잡아 주거나 안전 루프를 몸에 걸지도 않습니다. 그러다가 섭씨 1,000도가 넘는 열기가 얼굴에 훅 끼치기라도 하면 정신을 잃게 됩니다. 게다가 그 직원은 야간 노동 중이었습니다. 유럽 연합에서 그 자체로 '발암 환경'이라 규정한 야간 노동 중에는 집중력을 잃기도 쉽습니다. 비슷한 사고는 이미 철광업계에서 반복적으로 일어나고 있었습니다.

그가 떨어지는 모습을 보고도 너무 뜨거워 동료들은 통 안에 얼굴을 들이밀 수 없었다고 했습니다. 그는 흔적 없이 사라졌습니다. 빈 관을 두고 울지도 못하며 장례를 치르던 그의 부모는 사흘 동안 식힌 용광로 안에서 가까스로 찾은 뼛조각을 앞에 두고서야 비로소 울음을 터뜨리더군요.

이렇게 억울한 죽음이 발생해도, 사고 경위를 조사하고 나면 마치 노동자 개인의 안전 수칙 위반 때문이었다는 식으로 정리되는 경우가 많습니다. 사고 소식이 알려진 뒤 일본 철강업체 직원이라는 분이 제게 메일을 보냈습니다. 그는 기업이 안전장치에 투자하지 않고 노동자를 위험한 일터로 내몰아 발생한 후진적 사고라며 분개했습니다.

피자를 배달하다가

피자는 늘 뜨끈뜨끈해야 합니다. 2010년 국내 유명 피자 체인점의 아르바이트생이 된 권 씨는 첫날, 두 가지를 배우고 현장에 투입됐습니다. 첫 번째, 전화 받는 법. "뜨겁게 배달하는 ○○피자 권○○입니다."라고 받아야 한다고 했습니다. 두 번째는 절대 원칙이었습니다. '피자는 무조건 30분 안에 배달해야 한다'였습니다.

주문이 들어오면 매장에서는 타이머를 눌러 배달까지 30분 안에 끝나는지를 체크했습니다. 당시 시급 4,300~4,500원으로 최저 임금 수준을 받았던 그 업체 배달원들은 배달 한 건을 30분 안에 완료해야 건당 400원을 더 받았습니다. 400원을 더 벌기 위해, 점장에게 욕먹지 않기 위해, 돈을 물어내지 않기 위해 배달원들은 비가 오든 눈이 오든 오토바이 속도를 높일 수밖에 없었습니다. 권 씨는 출근 첫날 오토바이가 미끄러지는 사고로 무릎을 10여 바늘 꿰매

야 했습니다. 그런데도 점장에게 사고 사실을 말했다가 괜히 욕만
먹고 나중에 일도 못 구할까 봐 병원비를 자기 돈으로 내고 조용
히 그만두었다고 했습니다.

10년 뒤, 무엇이 달라졌을까?

그로부터 10년이 지났습니다. 2020년, 우리의 노동은 얼마나 달
라졌을까요? 취재 현장에 가면 저는 여전히 익숙한 장면들과 마주
칩니다. 피곤에 짓눌린 24시간 식당 여성 종업원들의 표정. 제대로
된 휴식도 없이 사장과 손님의 눈치를 보며 일하다가, 퇴근해서도
집안 살림까지 도맡아 하는 고된 '고생 구조'는 여간해서 달라지
지 않습니다. 공장에서, 마트에서, 배달업체에서 계약직 혹은 하청
업체 직원으로 눈에 보이지 않게 일하는 이들도 여전히 많습니다.
2018년 기준으로 숙박 및 음식점업의 취업자 수는 224만 7,000명,
도매 및 소매업 취업자 수는 373만 5,000명입니다.(통계청 지역별 고용
조사) 수백만 명의 사람이 10년 전과 비슷한 노동 환경 속에서 하루
하루 일하고 있는 셈이죠.

더 나빠진 것도 있습니다. 2018년 말에 발생해 2019년을 뒤흔든
'김용균 씨 사망 사고'는 2009년에 용광로에 빠져 죽었던 김 씨 사
고와 판박이입니다. 한국서부발전 태안화력발전소에서 일하던 김
용균 씨는 홀로 석탄 운송 설비 어딘가에 걸려 있는 석탄을 빼내

다 벨트 컨베이어에 끼어 숨졌습니다. 최소한의 안전장치도, 혹시나 사고 발생 시 손잡아 줄 수 있는 동료도 없는 환경이었습니다. 게다가 김용균 씨는 비정규직이었습니다.

비정규직이란 말 그대로 정규직이 아닌 사람을 뜻합니다. 정규직이나 비정규직이라는 말은 사실 회사에서 일할 사람을 직접 고용하는 것이 당연하던 시절에는 필요 없던 말입니다. 그런데 기업이 사람을 고용하고 관리하는 데 돈을 덜 들이거나 해고를 쉽게 할 목적 등으로 특정 업무를 아예 다른 회사에 맡기거나(하청 회사) 특정 기간에만 노동자를 고용(계약직)하는 경우가 늘어나면서 비정규직이라는 표현이 생겼습니다. 그리고 지난 10년 사이, 기업 안에서 위험한 작업을 하청업체 직원이나 비정규직에게 몰아주는 '위험의 외주화'는 더 강화됐습니다.

기술의 발달로 노동 환경이 더 열악해지기도 했습니다. 이제 배달원들을 압박하는 것은 점장님의 불호령이나 '30분 배달제'만이 아닙니다. 각종 '배달 앱'의 등장으로 배달원들은 '플랫폼 노동자'가 되었기 때문입니다. 이들은 이제 휴대폰으로 불특정 다수의 손님이 보낸 다양한 주문을 받아 수십 곳 이상의 음식점에서 포장해 준 음식을 배달합니다. 배달이 조금 늦거나 음식 모양이 흐트러지기라도 하면, 고객들의 불만은 고스란히 배달 앱 후기에 쌓여 배달원을 압박합니다. 그러면 얼굴 한번 보기 어렵고, 그래서 정이 들 새도 없는 음식점 사장들은 배달원들을 닦달합니다. 억울할 때도 많지만 배달원들에게는 하소연할 '회사'조차 없습니다. 배달원들이 기댈 수 있는 건 드넓고 텅 빈, 노동자를 실어 나르기만 하는 '플랫폼'뿐입니다.

누구나 노동자가 된다면

여기까지 이야기했을 때, 이런 질문을 하는 이들이 있을지 모릅니다.

"나는 공부 열심히 해서 더 좋은 직업 가질 건데 왜 이런 얘길 알아야 하죠?"

"비정규직으로 취직했으면 그 정도는 감수해야 하는 것 아닌가요?"

"노력 안 해서 비정규직이 됐으면서 공짜로 정규직 대접 받기를 원하는 건 욕심이에요. 진짜 그렇게 되면 불공정한 것 아닌가요?"

어쩔 수 없이 10대 때부터 식당에서 서빙을 하고 배달을 해야 하는 이들도 있지만, 그렇지 않은 경우도 있을 겁니다. 직업을 찾기까지 준비할 시간을 오래 가질 수 있는 경우도 있지만 고등학교를 졸업하자마자 급하게 일자리를 구해야 하는 경우도 있습니다. 서로 형편은 다를지 몰라도 공통점은 하나 있습니다. 현대 사회에서는 대부분의 사람이 성인이 되면 자신의 노동력을 제공해 돈을 벌어 먹고사는 '노동자'가 된다는 점입니다. 고액 연봉의 전문직이든, 대기업 직원이든, 식당 종업원이든 노동력을 제공한 뒤 급여를 받아 생활하는 이들을 우리는 '노동자'라 부릅니다.

그러니 노동하는 인간들이 모여 사는 사회에서 한 사회가 '노동'을 대하는 태도는 결국 '인간'을 대하는 태도와 같습니다. 비인간적인 노동이 넘쳐 나는 사회에서 오직 나만은 인간다운 노동을 하며 대접받을 것이라는 생각은 착각에 가깝습니다. 반대로 모두가 인간다운 대접을 받으며 노동하는 사회라면 나 역시 괜찮은 노동 환경에서 일할 확률이 높습니다.

연봉이 높고 고용 안정이 보장된 일자리를 구한 뒤에도 비인간적인 노동 환경을 맞닥뜨리는 경우도 많습니다. 국내에서 가장 취업하고 싶은 곳으로 꼽히는 한 대기업의 경우를 살펴보겠습니다. 이 대기업은 2015년 기준으로 평균 근속 연수 17.2년, 1인당 평균 연봉(세전) 9,594만 원으로 고용 안정성과 임금이 국내 최고 수준이지요.

하지만 이곳에도 부족한 것이 있습니다. 바로 '일과 삶의 균형'이죠. 지난 2016년 서울행정법원은 2014년 직장 근처에서 목을 매 숨진 이 회사 입사 10년차 과장급 연구원이 업무상 재해로 죽은 것이라 인정했습니다. 그는 사망 전 3개월 동안 주당 평균 61.6시간을 근무하고 확인된 것만 83건의 보고서를 작성했습니다. 그가 과장급으로 승진한 뒤 1년 5개월 동안 사용한 휴가는 단 4일뿐이었죠. 그는 죽기 전 동료들에게 "협조가 안 된다." "내가 할 수 없

는 일을 왜 내가 하고 있어야 되나." 등 업무 스트레스를 호소하는
말을 했다고 합니다.

익명으로 자신이 다니는 회사에 대한 평가를 남기는 사이트인
'잡플래닛'에 이 회사에 다니거나 다녔던 직원 440명이 남긴 평가
를 보면 비슷한 고통이 드러납니다. "업무 강도가 높아 원활한 가
정생활이 어렵다." "퇴근을 제시간에 한 적이 없어서 일과 삶의
균형 맞추기가 힘들다."와 같은 말이 이어집니다. "심한 군대 문
화, 눈치 보느라 일 없어도 퇴근을 늦추게 되는 분위기." "정말 쓸
데없는 보고서, 회의의 연속."이라는 평가도 여러 차례 나왔습니
다. 회사의 단점과 관련해 가장 많이 언급된 단어로 '업무 강도, 군
대 같은 문화, 보수적' 등 높은 노동 강도와 위계적인 문화에 관련
된 것이 많았고 잦은 야근과 회식에 대한 불만도 자주 언급되었습
니다.

월급만 많으면 좋은 일자리일까?

"사람들에게 일자리는 행복의 가장 강력한 결정 요인이다."
경제협력개발기구(OECD)는 2014년 '일자리의 질' 지표를 발
표하며 이렇게 밝혔습니다. 그해 기준으로 한국의 노동 시간은 연
간 2,124시간으로 오이시디 34개국 중 두 번째로 길었습니다. 일과
삶의 균형, 안전, 업무 강도 등을 평가한 '근로 환경의 질'은 32개

국 중 27위로 안 좋았죠. 남녀 임금 격차는 회원국 중 가장 크고 소득 불평등도는 네 번째로 높았습니다.

그러나 사실 이 같은 수치도 큰 의미가 없다고 할 수 있습니다. 오이시디가 '일자리의 질' 지표를 만든 2014년까지 우리나라에서는 사업장별 정확한 노동 시간이 제대로 집계조차 되지 않았으니까요. '일과 삶의 균형'이나 '업무 강도' 등을 측정하는 국제 사회의 세세한 기준을 얼마나 채우고 있는지 측정해 볼 자료가 마땅치 않은 경우도 많았습니다. 자료와 통계가 제대로 없다는 것은 그만큼 사람들의 관심이 없다는 뜻이기도 합니다.

1990년대 말에 외환 위기를 겪은 뒤로 우리 사회는 늘 실업률을 걱정하며 일자리 수를 늘려야 한다고 야단해 왔습니다. 우리나라가 일자리 '개수'에 치우친 고민을 하는 사이, 국제 사회에서는 '일자리의 질'에 대한 논의가 훨씬 더 많이 진전됐습니다. 오이시디는 '업무 스트레스'라는 추상적인 개념조차 '너무 많은 직무 요구'와 '부족한 업무 자원'이 결합한 결과라는 공식을 내놓았습니다. 참 구체적이죠?

또 '노동 시간'을 측정할 때는 일한 시간의 양뿐만 아니라 '시간의 질'도 평가 대상으로 두었습니다. 급한 일이 생겨도 업무 중에는 한두 시간도 마음대로 뺄 수 없다거나, 늘 마감에 쫓겨야 한다면 노동 시간의 질이 무척 나쁜 셈이지요. 오이시디는 이를 '시간의 압박'이라는 해로운 요소로 규정합니다.

오이시디는 단순히 월급이 많고 전망이 밝기만 하다고 질 좋은 일자리가 되는 것은 아니라고 말합니다. 그보다는 "개인이 성취감을 느낄 수 있는 근무 환경, 자신이 사회적으로 쓸모 있으며 세상에 기여하고 있다는 자부심을 느끼게 하는 일"이 좋은 일자리라고 설명합니다.

고용 안정과 성취감

그럼 성취감을 일하며 일하는 사람들의 이야기도 들어 볼까요? 직원 수가 10명 정도 되는 한 작은 출판사에서 주방 노동자를 정규직으로 채용했습니다. 4대 보험은 물론 연차 휴가도 있는 출판사의 일원이죠. 자신도 출판사 직원이라고 느끼는 주방 노동자는 '내가 출판사에 어떤 기여를 할 수 있을까?' 늘 고민하게 됐다고 합니다. 직접 키운 채소부터 여러 종류의 장까지 가져와 좋은 재료로 요리를 하고, 직원들의 건강 상태를 살펴 가며 특별한 먹거리를 준비하기도 합니다. 아침을 못 먹고 나온 직원들을 위해 커피와 함께 먹을 만한 음식도 준비해 둡니다. 음식을 먹거나 차를 마시기 위해 주방에 들어온 직원들과는 늘 '동료애'를 갖고 이야기를 나누고요. 고용 안정을 통해 노동자의 성취감을 높인 경우입니다.

한 정보 기술(IT) 기업에 다니는 직원은 성취감을 느끼기 위해서는 '높은 연봉'보다 '적당한 노동 시간'이 중요하다고 강조했습니다. 대기업 계열의 시스템 통합(SI) 업체에 다니던 시절, 퇴근 시간은 그가 정하는 것이 아니었다고 합니다. 프로젝트가 있을 때면 상사의 지시에 따라 야근과 주말 근무가 끝없이 이어졌고 그로 인해 제대로 된 여가 시간을 누려 본 적이 없어 괴로웠다고 했지요. 인터넷 기업으로 이직한 뒤 연봉이 조금 줄어들었지만 자율 출퇴근제를 통해 출퇴근 시간을 자유롭게 조정할 수 있고 무리한 야근이나 회식을 강요받지 않아 행복하다고 했습니다. 자율 출퇴근제는 주당 40시간의 노동 시간만 지킨다면 몇 시에 출근하고 몇 시에 퇴근할지는 노동자 개인이 알아서 정할 수 있는 제도입니다.

희망의 신호들

노동이 행복을 결정한다면, 행복하게 살기 위해 내 몸과 마음이 어떤 노동을 감내하고 있는지 직시해야 합니다. 당장 돈을 벌기 위해서 취업을 하는 것이 우선이더라도 내가 급여를 받기 위해 얼마만큼의 시간과 노력을 들여 어떤 형태의 노동을 해야 하는지 명확히 알아야 합니다. 일을 시작할 때 노동 시간, 노동 장소, 업무 범위, 약속된 근무 기간 등을 명확히 해서 내 노동력이 착취당하지 않고 존중받으며 일할 수 있도록 해야 합니다.

노동 환경에 문제가 있다는 생각이 들 경우, 주변 사람들과 적극적으로 이야기하는 자세도 필요합니다. 업무상 재해로 병을 얻게 된 경우를 취재해 보면 착하고 성실해 몸에 이상을 느끼고도 참고 일한 경우가 많았습니다. 자신의 일과 직장을 사랑하되 내가 만지는 화학 약품이 무엇인지, 작업 환경의 위험이나 스트레스를 줄일 방법은 무엇인지 끊임없이 묻고, 정보를 모으고, 고민해 답을 찾아가야 합니다. 노동조합이나 전문 지식을 가진 노무사 등의 도움을 받을 수도 있습니다. '가족같이 일한다'는 말에 매몰돼 혼자 힘들어할 필요가 없습니다. 노동은 나의 열정과 노력을 성취감과 급여로 환산받는 행위니까요.

자신뿐만 아니라 주변에 비인간적인 노동이 존재한다면 함께 문제를 해결하기 위해 손을 잡아야 합니다. 식당 직원의 휴게 시간과 휴일을 모른 척하는 사장, 공장 안전장치에 무신경한 기업, 야근과 주말 근무가 만연한 회사가 그대로 있는 채로는 좋은 일자리가 만들어지기 힘들 테니까요.

여러 노동 현장을 취재해 온 기자로서, 우리 사회에 질 좋은 일자리가 많다고 당당하게 말할 수 없는 현실이 안타깝습니다. 그래도 너무 실망하지 말자고는 말할 수는 있습니다. 다행히 우리 사회에는 좋은 신호가 끊이지 않고 있기 때문입니다. 2009년 식당 노동자들을 더 초라하게 만들었던, 햄버거보다 쌌던 4,000원대의 시간당 최저 임금은 10년 만에 진통 끝에 8,000원대로 올랐습니다.(2020년 최저 임금 8,590원.) 2019년 3월에는 '플랫폼노동연대'가 만들어져서 뿔뿔이 흩어져 서러웠던 노동자들끼리 손잡기 시작했습니다. 2019년 11월에는 택배 기사들이 '개별 사업자'가 아니라 노동조합을 설립할 수 있는 '근로자'라는 법원 판결이 처음으로 나왔습니다. 또 어느 가사 도우미 중계 플랫폼 업체는 가사 도우미 1,000명을 직접 고용하겠다고 발표하기도 했습니다.

처참한 주검으로 돌아온 아들을 보며 차마 울지도 못한 김용균 씨의 부모는 시민들과 뜻을 모아 투쟁한 끝에 '김용균 법(산업안전보건법 개정)'이 국회를 통과하게 만들었습니다. 이 법에는 '위험의 외주화'를 막고 안전 규제를 대폭 강화하는 내용이 담겨 있습니다. 이 과정에서 "더 이상 사람이 이런 식으로 일하다 죽어서는 안 된다."라는 인식이 널리 퍼진 것은 무엇보다 소중한 성과입니다.

2017년 출범한 문재인 정부는 노동 시간 단축의 중요성을 강조하며 법적 한도인 "주당 52시간 노동 시간(주당 40시간+최대 12시간 추가)이라도 꼭 지키도록 하겠다."라고 발표했습니다. 그 덕에 기업에서 야근을 자제하는 분위기가 확산되고 있습니다. '자율 근무제'를 시행하는 회사도 늘었고요. 정해진 노동 시간 안에서 노동력을 제공하고, 부당한 야근 요구나 회식 강요는 거절하는 것이 노동자의 기본 권리임을 인식하는 사람들이 늘어나고 있습니다.

좀 더 많은 사람이 '노동의 질'에 관심을 갖는다면 나도, 식당 종업원도, 피자 배달원도, 대기업 직원도 좀 더 나은 노동을 할 수 있게 될 것입니다. 눈을 들어 아빠의 노동, 엄마의 노동, 삼촌의 노동, 이모의 노동을 한번 바라보세요. 그리고 나는 어떻게 일해 나가고 싶은지 구체적으로 생각해 보세요. 일하며 행복한 삶이 더 가까워질 겁니다.

네 번째 당부
노동조합

김영민 (청년유니온 사무처장)

원래
그런 것은
없어요

따뜻한 피자보다 안전한 피자를

여러분, 피자 좋아하시나요? 집에서 휴대폰 '앱'을 켜서 주문을 하고 잠시 기다리면 초인종 소리와 함께 피자가 도착합니다. 손가락 하나만 까딱하면 맛있는 음식이 금세 문 앞에 도착하지요. 이토록 편리한 배달 음식의 뒤에는 오토바이를 타고 자동차 사이를 곡예하듯 달리는 배달 노동자들이 있습니다.

배달 노동은 정말 고됩니다. 여름이 되면 작열하는 아스팔트를 달려야 하고, 겨울이 되면 달릴수록 더 벼려지는 칼날 같은 바람에 맞서야 합니다. 미세 먼지가 심한 날에도, 비나 눈이 와서 바닥이 미끄러운 날에도 달려야 하니 사실상 이들에게 위험하지 않은 날은 없습니다. 자동차들 틈바구니에서 아슬아슬하게 주행을 하니 이들은 도로 위에서도 천덕꾸러기 취급을 당하곤 합니다.

10년 전, 겨울에 있었던 일입니다. 당시 도미노피자를 비롯한 주요 피자 업체는 '30분 배달제'라는 것을 시도했습니다. 주문한 지 30분 안에 피자가 배달되지 않으면 피자값의 반을 깎아 주고, 40분이 넘으면 무료로 준다는 것이었습니다. 갓 구운 따뜻한 피자를 먹을 수 있다는 마케팅을 하려고 만든 제도지요.

하지만 이 제도 때문에 배달 노동자들은 더욱 빠르게 달려야 했습니다. 피자를 만들고 포장하는 데에 드는 시간을 빼고 나면 거의 15분 안에 배달을 해야 했으니까요. 게다가 많은 업주가 30분 안에 배달되지 않으면 아르바이트 시급을 깎았습니다. 무리한 제도를 만들어 발생한 손해를 노동자의 임금을 깎아서 메운 겁니다. 임금을 깎지 않더라도 업무 평가에 반영하여 속도 경쟁을 부추겼죠.

그렇게 배달을 서두르다 결국 한 청년이 교통사고로 목숨을 잃었습니다. 대학교 4학년이었던 그 청년은 등록금을 벌려고 주말마다 배달 아르바이트를 했는데, 그날은 하필 마지막으로 일하던 날이었죠.

제가 몸담고 있는 청년유니온에서는 비통한 마음으로 그해 크리스마스에 거리로 나섰습니다. 죽음을 알리고 추모하는 1인 시위와 30분 배달제를 폐지하자는 서명 운동을 시작했습니다. SNS를 통해 온라인 항의 행동도 제안했습니다. 한 시간 동안 트위터에 #no30service라는 해시태그를 달고 글을 올려 달라고 했지요. 그리고 도미노피자 본사 앞을 찾아가서 그 트위터 화면을 띄워 놓는

'트위터 시위'를 했습니다. 기자 회견을 열어서 정부에는 배달 아르바이트의 안전에 대해 관리 감독을 하라고 요구하고, 피자 프랜차이즈 업체들에는 30분 배달제를 없애라는 공개편지를 보냈습니다. 그런 여러 활동을 통해 "따뜻한 피자보다 안전한 피자"를 외치며 빠른 배달이 노동자를 죽음으로 몰고 간다는 것을 알렸습니다. 안타까운 죽음을 추모하는 마음이 모이면서 마침내 도미노피자, 피자헛 등에서는 30분 배달제를 폐지하겠다고 밝혔습니다. 그것은 청년유니온이 일궈 낸, 작지만 큰 성과였습니다. 그리고 이 일을 계기로 청년유니온의 존재가 세상에 알려지게 되었습니다.

한국 최초의 세대별 노동조합

2010년 3월에 창립한 청년유니온은 한국 최초의 세대별 노동조합입니다. 만 15세부터 39세까지 청년이라면 누구나 가입할 수 있어요. 아르바이트를 하는 청소년이나 청년, 구직자, 프리랜서, 사회 초년생, 모두가 조합원이 될 수 있습니다.

청년유니온에는 두 가지 독특한 점이 있습니다. 첫째는 나이를 기준으로 뭉쳤다는 것입니다. 흔히 노조는 회사 단위로 만들거나, 산업 단위로 만듭니다. 청년유니온처럼 나이를 기준으로 뭉치는 노동조합은 아직 낯설 겁니다. 외국에도 흔하지는 않습니다. 그런데도 청년 세대를 위한 노동조합을 따로 만든 이유는 간단합니다.

청년이라서 겪는 노동 문제가 있기 때문입니다. 많은 청년이 구직 과정에서 다른 그 무엇도 아닌 어리다는 이유로, 젊다는 이유로 어려움을 겪고 권리를 제대로 존중받지 못합니다. 그래서 우리는 나이를 기준으로 만든 노동조합이 필요하다고 생각하게 되었습니다.

둘째는 지금 일하고 있지 않아도 조합원이 될 수 있다는 것입니다. 이렇게 되기까지는 우여곡절이 있었습니다. 청년 노동 문제 중 가장 심각한 것이 '청년 실업'입니다. 일하고 싶은 많은 청년이 취업이 안 돼 마음고생을 하고 있지요. 청년 실업이 곧 청년이 겪는 가장 심각한 문제라면, 이 문제를 해결하기 위해 누가 목소리를 내야 할까요? 당사자인 청년 구직자들 아닐까요? 청년의 일할 권리도 노동의 권리인데, 노동조합으로 해결해야 하지 않을까요? 당장 직장이 없는 사람들도 힘을 모아서 해결을 요구할 수 있지 않을까요? 이런 고민에서 청년유니온은 지금 일자리를 구하는 이들, 혹은 미래에 구하게 될 이들의 노동권까지 지키고자 했습니다.

노동조합은 법적인 권한이 있고 또 법의 보호를 받는 조직이기 때문에 나라에 설립 신고를 하게 되어 있습니다. 처음 청년유니온이 만들어진 2010년, 정부에서는 구직자는 노동조합에 가입할 수 없다며 신고를 받아 주지 않았습니다. 헌법에는 노동자의 단결권이 보장되어 있지만, 단결을 하려면 취업이라는 '자격'이 필요하다는 것입니다.

청년유니온은 이러한 결정이 부당함을 알리고자 '2인 노조 설립 행동전'을 벌였습니다. 노동조합은 2명만 있으면 만들 수 있습니다. 청년유니온은 조합원 중 구직자 1명과 일하고 있는 사람 1명으로 구성된 노동조합에 대해 설립 신고를 했지요. '청년유니온 1', '청년유니온 2', '청년유니온 3' 이런 식으로 만든 노동조합 27개를 설립 신고한 것입니다. 이런 행동은 마치 오기를 부리는 것처럼 보이기도 하지요. 하지만 청년유니온은 단지 강짜를 부린 것이 아니라 노동조합을 만들겠다는 의지를 좀 더 많은 사람에게 보여 주고자 한 것입니다. 결과는 어땠을까요? 모조리 거부당했습니다.

이후 청년유니온은 소송에 들어갔습니다. 27개 팀을 대표하여 '청년유니온 14'가 부당하다고 소송을 냈습니다. 설립 신고는 정부의 허락을 구하는 것이 아니라, 그저 정부에 이런 것을 만들었다고 알려 주는 것입니다. 그러니 신고를 거부하는 것은 부당합니다. 이 과정에서 '일하게 될' 사람의 단결권을 온전히 보장해야 한다는 사회적 지지가 이어졌고, 소송에서도 이겼지요.

마침내 2013년, 청년유니온은 설립신고필증을 받고 정식 노동조합이 되었습니다. 아직 일을 하지 않는 학생, 청소년, 오랜 기간 구직 중인 취업 준비생 모두 노동조합을 가질 수 있게 된 것입니다.

청소년도 가입할 수 있을까?

청년유니온의 나이 기준을 보면 알 수 있듯, 청소년도 가입할 수 있습니다. 청소년에게도 노동조합이 필요할까요? 우리는 필요하다고 생각합니다. 요즈음은 청소년 시절에 잠깐씩이라도 용돈을 벌고자 아르바이트를 하는 사람이 많습니다. 누군가에게는 용돈이 아닐 수도 있습니다. 형편이 어려운 경우 가족의 생계를 돕고자 일하기도 하니까요.

우리나라에서는 법적으로 만 15세부터 노동을 할 수 있습니다. 노동을 할 수 있다는 것은 곧 보장받아야 하는 권리가 있다는 것이기도 합니다. 청년유니온은 그 권리를 함께 지키고자 합니다. 그래서 법적으로 노동이 가능한 만 15세부터 조합원이 될 수 있도록 했지요. 청년유니온 안에는 만 15세부터 만 24세까지만 가입할 수 있는 '청소년유니온' 지부가 따로 있습니다. 청소년 아르바이트, 직업계 고등학교 현장 실습, 고졸 청년의 노동 문제 등을 다루고자 만든 것이지요. 청소년들은 일하면서 어리다고, 성인이 아니라고, 실습생이니까, 아르바이트생이니까 부당해도 참으라는 식의 이야기를 청년들만큼이나 많이 듣습니다. 현장 실습생이라는 이유로 무시당하기도 하지요. 머지않아 청년이 될, 그리고 지금도 일하고 있는 청소년의 교육과 노동 문제도 청년유니온에게는 중요한 일입니다.

2016년 4월 2일, 청년 유권자 위원의 날
VOTEr DAY 행사에서 청소년유니온이 준비한 야외 테이블.
(사진: 청년유니온 제공)

7만 원 때문에 싸운 이유

청년유니온은 얼핏 보면 사소해 보이는 문제들과 많이 싸웠습니다. 한번은 7만 원 때문에 경찰서에 간 적도 있습니다.

청소년들은 호텔 연회장이나 웨딩 홀에서 서빙 아르바이트를 많이 합니다. 이런 아르바이트는 주말에 일할 수 있다 보니 청소년들이 많이 선호하지요. 그렇다고 결코 '꿀 알바'는 아닙니다. 딱딱한 구두를 신고 잠깐 앉을 새도 없이 크고 무거운 그릇을 나르다 보면 다리도 아프고 손목도 아파 오지요.

그런데 뽑을 때는 분명 11시부터 일한다고 적어 놓고는 막상 일할 때는 30분 일찍 나오라고 하는 경우가 많습니다. 미리 나와서 대기하라는 것이지요. 마찬가지로 끝날 때도 30분 동안 마감 시간이라는 명목으로 더 일하게 합니다. 대기 시간도 마감 시간도 모두 일하는 시간이건만, 이 시간은 제대로 쳐 주지 않습니다. 조금이라도 임금을 덜 주려는 꼼수지요.

청년유니온과 청소년유니온은 호텔과 웨딩 홀에서 아르바이트하는 청소년들의 실태를 조사해 보았습니다. 수도권에서 일하는 청소년 120명에게 설문을 해 보니, 준비 시간과 마감 시간의 임금을 받지 못한 경우가 57%에 달했습니다. 주 15시간 이상 일하면 받아야 하는 주휴 수당을 못 받은 경우도 61%에 이르렀습니다.

청년유니온의 청소년 조합원 중에도 실제로 임금 7만 원을 받지

2019년 5월 1일, 세계노동절대회에서 청년유니온이 조합원들과
'아프지 말자 유니온 하자'라는 슬로건으로 함께 행진하는 모습.
(사진: 청년유니온 제공)

2018년 5월 1일. 청년유니온이 조합원들과 함께 tvN 「혼술남녀」 신입 조연출 사망 사건을 추모하는 플래시 몹을 진행했다. 화려한 드라마에는 나오지 않는, 카메라 뒤 사람의 노동을 드러내고자 했다.(사진: 청년유니온 제공)

못한 사람이 있다는 것을 알게 되었습니다. 우리는 63빌딩 연회장에서 일했던 그 청소년 조합원과 함께 임금 7만 원을 받기 위해 그가 일했던 서울 유명 호텔 대표를 고발했습니다. 그러자 호텔 측은 제대로 사과를 하는 대신, 그 청소년은 자신들이 아니라 용역 업체가 고용한 것이라며 책임을 떠넘겼습니다. 경찰 수사도 무혐의로 끝나고 말았지요.

그래도 작은 성과가 있었습니다. 임금을 받아 낸 것입니다. 그리고 이 일을 통해서 아무리 큰 재벌 대기업이더라도, 아무리 어린 청소년이더라도, 아무리 작은 돈이어도, 지킬 것은 지켜야 한다는 이야기를 많은 사람에게 전할 수 있었습니다.

7만 원은 사소한 금액처럼 보일 수 있어도 일하는 사람에게 사소한 노동은 없습니다. 또 쉽게 쓰인다고 쉽게 버려져도 되는 노동은 아닙니다.

하루살이 근로 계약은 안 돼

또 한번은 어느 대기업의 호텔 뷔페식당에서 장기간 주방 보조 아르바이트로 일하던 조합원을 위해 싸웠습니다. 이 청년은 일용직으로, 즉 매일 근로 계약을 새로 하며 일하고 있었습니다. 퇴근이 곧 퇴사가 되는 계약이었지요. 호텔 측은 노동자를 손쉽게 쓰고 버릴 수 있도록 하루 단위로 근로 계약을 하는 '관행'을 유지해 온 것입니다. 그렇게 84일을 일한 조합원이 취업 규칙을 보여 달라고 했다가 이런 말을 들었습니다.

"내일부터는 나오지 마세요."

성실하게 일했던 지난 석 달이 무색해졌습니다. 근로 계약은 고용한 사람이 돈을 주는 대신, 고용된 사람은 노동력을 제공하기로 하는 약속입니다. 계약 관계이니 한쪽이 계약을 깨 버리면 그 계약은 무효가 되지요. 하지만 노동으로 삶을 일구어 가는 사람들에게 일방적인 계약 해지, 즉 해고는 당장 삶에 위협이 되기 때문에 노동법에서는 해고를 마음대로 하지 못하도록 되어 있습니다.

갑자기 해고를 당한 것도 난감하지만, 더 큰 문제는 우리의 노동이 마치 한 번 쓰고 버리는 일회용품처럼 다루어지는 것이었습니다. 청년유니온에서는 이를 더 널리 알리고자 했습니다. 때마침 그 기업은 총수 일가의 형제간 경영권 분쟁에 휩싸여 있었습니다. 거대 재벌을 차지하려는 형제들의 싸움을 많은 시민이 지켜보고 있었지요. 청년유니온은 그 기업의 마스코트가 그룹 회장 선거에 출마한다는 콘셉트의 캠페인을 벌였습니다. 마스코트는 무슨 공약을 걸고 출마했을까요? 청년의 노동을 일회용품처럼 쓰는 하루살이 근로 계약 폐지를 내걸었습니다. 우리는 인형 탈을 쓰고 거리를 누비며, 그 기업에서 일하는 청년 노동자들의 노동 환경이 개선되어야 한다고 이야기했습니다. 온라인에서 진행된 가상 회장 선거에서는 압도적인 지지로 마스코트가 당선되었습니다.

이런 시끌시끌한 일들의 결과로 그 기업의 호텔은 그 노동자에게 사과했습니다. 그리고 하루살이 근로 계약을 하지 않겠다고 약속했습니다.

보이지 않는 일

왜 청년들의 노동은 이런 사소한 부분에서부터 자꾸 무시당할까요? 아르바이트 같은 노동은 잘 드러나지 않는 노동이기 때문입니다. 사람들은 이런 일에 어떤 고충이 있는지, 그 일로 버는 돈이 얼마나 중요한지에 대해 잘 모릅니다. 그래서 '알바비'를 '용돈' 취급하고, '알바생'을 정식 노동자가 아닌 그저 '학생'으로만 여깁니다. 그런 생각은 이런 말에 잘 드러납니다.

"좋은 경험이라 생각하고 열심히 해."

이런 생각은 나쁘게 쓰이면 청년들의 임금을 쉽게 깎는 논리가 되곤 합니다. 이른바 '열정 페이'가 그것입니다. 자기 삶을 적극적으로 일구어 가고자 하는 청년의 '열정'을 악용해 정당한 대가를 주지 않거나 혹은 매우 적게 주면서 부리는 것입니다.

예컨대 프랜차이즈 미용실의 경우 보조 역할을 하는 스태프에게 최저 임금을 주지 않는 것은 물론 앉지도 못하게 하면서 일을 시키는 경우도 있습니다. 2013년에 청년유니온이 198개의 프랜차이즈 미용실을 조사한 결과, 이들은 최저 임금 위반 100%, 근로 시간 위반 98%라는 점이 드러났습니다. 그 이전에는 아무도 제대로 보지 않았던 노동이었죠. 빨리 기술을 익혀서 두 발로 오롯이 세상에 서고자 하는 꿈을 볼모로 이런 대접을 하는 것입니다.

2015년에 한 유명 패션 디자이너실에서는 일을 가르쳐 준다는 명목으로 수습에게는 10만 원, 인턴에게는 30만 원의 월급을 주어서 논란이 되었습니다. 청년유니온은 여러 단체와 함께 패션업계의 잘못된 관행을 고발했습니다. 이런 문제를 알리는 홍보물을 에스엔에스(SNS)에 올리기도 하고, 실태 조사와 기자 회견도 했습니다. 문제가 된 디자이너실이 있는 신사동 가로수길에서 "떼인 돈 받아 드립니다."라는 현수막을 들고 서 있기도 했고 이 패션 디자이너에게 '청년 착취 대상'을 수여하는 퍼포먼스도 떠들썩하게 벌였습니다. 업계에서 오랫동안 쌓여 온 관행을 단숨에 바꿀 수는 없었지만 적어도 잘 보이지 않던 노동을 드러낼 수는 있었습니다.

일을 잘하려면 당연히 배워야 합니다. 하지만 이런 배움이 사람의 노동을 값싸게 부리는 핑계가 되어서는 안 됩니다. 청년들이 하는 것은 경험이기 이전에 엄연히 노동입니다. 똑같은 노동이라면 노동권도 똑같이 보장받아야 합니다.

아프면 아프다고 소리 질러라

청년들의 문제는 단지 청년 개인들의 문제가 아닙니다. 예컨대 청년 실업 문제를 볼까요? 청년 실업은 이제 우리나라는 물론 많은 나라에서 일반적인 문제가 되어 버렸습니다. 29세 이하 청년의 실업률이 10% 정도 되는 것은 평범한 일이 되었지요. 실업률이 10%라는 것은 당장 일을 구하고 있는 사람이 10명 중 1명이라는 말입니다. 여기에 지금 이력서를 넣고 면접을 보고 있지는 않더라도 영어 점수를 만들고, 취업에 필요한 공부를 하는 등의 경우까지 포함하면, 20대 3명 중 1명은 사실상 실업 상태라고 보기도 합니다. 실업이 '내가 좀 더 노력하지 않아서' 겪고 있는 문제가 아니

92

라 많은 사람이 겪는 흔한 일이라는 뜻입니다.

예전에는 학교를 마치고 신입 사원으로 어느 회사에 들어가는 것이 그다지 어렵지 않았습니다. 새로운 산업과 기술이 등장해 경제는 성장했고, 인구는 늘어났고, 새로운 시장이 계속 생겨났습니다. 하지만 지금은 그렇지 않습니다. 이제는 낮은 경제 성장률이 지속되는 것이 일반적이고 당연한 일이 되었습니다. 지금의 청년들은 이전과 다른 방식으로 세상과 마주할 수밖에 없습니다.

2017년에 진행된 통계청 조사에 따르면 요즈음에는 학교를 졸업하고 첫 직장에 들어가기까지 평균 1년이 걸립니다. 대학을 재수하듯 취업을 재수하며 준비하는 것이 흔한 일이 되었습니다. 그런데 어렵사리 직장에 들어가도 1년 반쯤 일하면 많은 사람이 그만둡니다. 왜 힘들게 들어간 직장을 그만두는 걸까요?

"젊은이들이 고생은 안 하고 편한 일만 하려고 해."

"요즘 애들은 눈이 너무 높아."

"지방에 가면 사람이 모자란다는데, 요즘 젊은이들은 꼭 서울에서만 찾아."

많은 어른이 달라진 세상은 보지 않은 채 이렇게 쉽게 이야기합니다. 하지만 우리는 알고 있습니다. 이제는 오늘을 참고 견딘다고 해서 미래가 쉽사리 나아지지는 않는다는 것을요. 그렇기 때문에 노동권이 지켜지지 않으면, 함께 일하는 동료로서 존중받지 못하면 그만두기를 결심할 수 있습니다. 이대로 여기서 일해도 내일의 불안이 해결되지 않기 때문에, 그다음을 준비하고자 직장을 그만두기도 합니다. 능력에 비해서 욕심을 부리는 것과는 다릅니다.

이런 상황에서 청년들에게 무엇이 필요할까요? 청년유니온에서는 청년들을 향해 마냥 노력하라고 주문하는 대신 청년들에게 필요한 제도와 정책을 요구하고 만들어 가고 있습니다. 청년 수당과 같이 취업 준비를 시작하는 청년에게 동등한 출발선을 보장하는 제도를 제안하기도 합니다. 청년 세대가 겪는 불평등을 해결할 정책을 요구하기도 합니다. 열심히 일해서 번 돈의 많은 부분을 월세로 낼 수밖에 없는 저소득 청년을 위해 2년 동안 일하면서 10만 원씩 매달 저축하면 2배로 만들어서 지원하는 '희망 두 배 청년 통장'과 같은 사업이 그러한 예입니다. 최저임금위원회에도 들어가서 최저 임금이 우리가 하는 노동의 가치를 온전히 담도록 노력했습니다.

최근에는 청년의 삶을 파괴하는 '블랙 기업'과 맞서 싸우고 있습니다. '블랙 기업'은 일본 청년들이 부당한 노동 현실을 표현하면서 사용한 말로, 법에 어긋나는 조건의 비합리적인 노동을 강요하는 기업을 일컫습니다. 청년유니온은 한국판 블랙 기업 운동을 선포했습니다. 일터에서 경험들을 모으고, 노동 상담을 통해 청년들의 이야기를 분석해서 세상에 내놓았습니다.

'아프니까 청춘'이라고들 합니다. 그러나 청년유니온은 "아프면 아프다고 소리 질러라."라고 말합니다. 우리가 아픈 건 혼자만

의 문제가 아닙니다. 그렇기 때문에 세상을 향해 소리 질러야 합니다. 해결해야 할 책임이 사회에도 있으니까요.

취업도 안 되는데 무슨 노조냐고요?

노동조합이라고 하면 여전히 머나먼 이야기로 들립니다. 노동조합을 만든다는 것은 노동권을 지키기 위해 같은 처지에 놓인 노동자들이 함께 힘을 모은다는 것인데, 사실 많은 사람에게는 일상이 곧 경쟁입니다. 협력보다는 각자도생, 즉 각자 알아서 살아남는 것이 세상의 규칙처럼 보일 때가 많습니다. 또 일자리가 부족하다 보니 사람들은 노동권을 생각하기 전에 '그래도 일자리가 있는 것이 어디냐?' 같은 생각을 더 많이 합니다.

상황이 이렇다 보니 베테랑 노동자들이 만든 노동조합조차 파업 같은 권리를 외치려 하면 자칫 '제 잇속만 챙기려 드는 떼쟁이' 취급을 받곤 하지요. 그런 속에서 청년들의 노동권을 이야기하기란 쉽지 않습니다. 구직 중인 청년들이 노동조합을 이야기하면 "취업이나 하고 말해."라는 핀잔이 돌아오곤 합니다. 아르바이트 노동자가 최저 임금을 이야기하면 "너 말고도 일할 사람 많아."라는 말이 돌아오기 쉽지요. 그렇다고 그냥 가만히 있기에는 청년들의 상황이 너무나 열악합니다. 10대나 20대가 많이 일하는 노동 현장에서 최저 임금이나 노동법은 자주 무시됩니다.

이런 이야기를 하면 "옛날에는 더 했어."라고 말하는 어른들이 있을지도 모르겠습니다. 하지만 과거에 더 나빴다고, 오늘의 나쁜 일이 좋은 일이 되지는 않습니다.

"젊을 때 그 정도는 참아야 하는 거야."

"젊어서 고생은 사서도 한다잖니."

이런 말로는 무엇도 해결되지 않습니다. 말 몇 마디로 얼버무릴 것이 아니라 청년들이 일터에서 겪는 문제를 해결해 갈 방법을 찾아야 합니다.

아닌 것을 아니라고 말하려면

"다들 그렇게 일해 왔어. 그건 하루 이틀 문제가 아니야. 쉽게 바뀌지도 않을 거고, 바꾸려고 하면 이 바닥을 떠날 각오를 해야 하는 게 현실이야."

드라마를 만들던 한 신입 피디가 들어야 했던 이야기지요.●

쓸쓸하지만 많은 분야에서 이 말은 현실일 겁니다. 그리고 '원래 그런 것'이라는 생각은 이러한 현실이 계속되도록 만들기도 합니다. 하지만 저는 이렇게 말하고 싶습니다.

"원래 그런 것은 없다. 그런데 그렇게 말할 수 있기 위해서는, 아

● 임지영 「엄마는 혼자서 회견문을 써내려 갔다」, 『시사IN』 2017. 5. 16.

닌 것을 아니라고 말할 수 있으려면 더 많은 내가, 더 많은 우리가 필요하다.”

이 말을 하고자 멀리 돌아왔습니다. 우리는 교실에서, 일터에서, 자신의 존재를 온전히 존중받기 어렵습니다. 나라는 존재는 때로는 수능 점수로, 때로는 월급 액수로, 취업률 속의 숫자로, 심지어 부모님 집의 크기로 이해됩니다. 그럴수록 우리에게는 서로 신뢰하고 의지할 수 있는, 함께 성장할 수 있는 좋은 친구와 일터를 만드는 경험이 절실합니다. 서로가 동등한 시민으로서 존재할 수 있는 공동체가 필요합니다. 사회가 함께 책임져야 할 기준선을 만들어 가기 위해 목소리를 모을 공간, 나의 문제가 나만의 문제가 아님을 확인하고, 내가 나로서 온전히 존재할 수 있는 공간이 필요합니다.

우리는 ‘워라밸’(일과 삶의 균형을 뜻하는 ‘워크 앤드 라이프 밸런스’의 줄임말.)을 이야기하면서 동시에 ‘덕업 일치’(자신의 관심사를 직업으로 삼는 것.)도 꿈꿉니다. 우리에게 노동은 삶의 많은 에너지와 시간을 쏟는 중요한 부분입니다. 그러니 더욱 일터에서 ‘원래 그런 것’들을 바꿔 가야 합니다. 우리에게 필요한 것은 노력이 아니라 노조입니다. 청년에게 노동조합을!

현실은 어려워도 우리는 즐겁게 싸웁니다. 프랜차이즈 미용실 실태 조사를 발표하는 기자 회견에 미용사 분장을 하고 등장하기도 하고, 커피 전문점의 임금 체불을 고발할 때는 큰 커피 잔을 만들어서 뒤집어쓰기도 해요. 그런 유쾌한 싸움으로 우리는 원래 그런 것들을 바꿔 나갑니다.

다섯 번째 당부
노동과 정치

정혜연 (청년 정치가, 전 정의당 부대표)

정치의 쓸모를
기억해
주세요

청년 '알바'들을 찾아 나서다

저는 2020년 올해 서른두 살이고, 직업은 정치가입니다. 청년들의 목소리를 대변하고 싶어서 일찍 정치에 뛰어들었어요. 아직 20대였던 2017년에 정의당 부대표에 당선되었고, 2년의 임기 동안 당의 청년 관련 사업들을 맡아 진행하면서 당 안팎에서 청년들의 생각과 경험을 정치에 담기 위해 노력했습니다.

그리고 2018년 6월 지방 선거에는 서울시 의원을 뽑는 선거에 정의당 비례 대표로 출마했습니다. 이때 저는 조금 색다른 선거 운동을 했습니다. '1,000명의 '알바' 노동자 만나기 프로젝트'를 진행했지요. 저와 같은 세대의 일하는 청년들을 직접 만나서 이야기를 들어 보기 위해서였습니다. 왜 하고많은 이야기 중에 일하는 이야기인지 궁금해하실지도 모르겠습니다.

저는 노동의 기본 조건이 무너지면, 자신이 소중하게 생각하는 가치들도 함께 무너질 수 있다고 생각했습니다. 정치 활동을 함께 했던 제 주변 친구들만 보아도, 주휴 수당은 물론 최저 임금도 제대로 받지 못하면서 아르바이트를 하는 경우가 많았습니다. 아르바이트와 취업 준비를 동시에 하느라 경제적으로 힘들어했고, 그러면서 세상을 바꾸고자 했던 소중한 마음들도 어쩔 수 없이 하나둘 내려놓게 되더군요. 그런 친구들을 보면서 저는 노동으로 삶을 제대로 꾸리는 것이 무척 중요함을 다시 한번 깨달았습니다.

그래서 청년을 대변하고자 하는 정치가라면 노동하는 이들의 어려움을 먼저 들어야 한다고 생각했습니다. 청년들이 가장 많이 하는 일이 '알바'이니, '알바' 노동자부터 만나야겠다고 생각한 것이고요. 무엇이 진짜 심각한 문제인지 알면 그것을 바꾸는 정치를 할 수 있을 것입니다. 그리고 제가 만나는 이들에게 정치가 노동 문제를 해결하는 데에 힘을 보탤 수 있다는 것을 알리고 싶었습니다. 그렇게 저는 일하는 청년들을 찾아 나섰습니다.

편의점 '알바', 언제나 거기 있는

거리를 걷다 보면 한 골목에 두세 개씩 있는 것이 편의점입니다. 전국의 편의점 개수는 4만 개를 넘어선 지 오래지요. 그 수많은 편의점의 다수는 24시간 운영되고, 그 안에는 계산대를 지키는 노동자들이 있어요.

야간에 편의점 '알바'를 할 때는 혼자 일하는 경우가 많습니다. 그래서 휴게 시간을 제대로 보장받지 못하는 일이 태반입니다. 법적으로는 4시간을 일하면 30분씩 휴게 시간을 보장받아야 합니다. 하지만 편의점 노동자들은 휴게 시간은커녕 식사도 대충 때우기 일쑤입니다. 일한 시간을 전부 인정받지 못하는 경우도 많습니다. 일을 준비하거나 다음 사람에게 인수인계하는 시간도 당연히 노동 시간이지만, 앞뒤로 얼렁뚱땅 30분씩은 임금을 안 주는 곳이 많지요. 혹시 일하다가 계산이라도 틀리는 날은? 퇴근도 못 하고 내 시간을 마냥 버리게 됩니다.

제가 편의점에 들어가서 말을 걸면 노동자들은 그렁그렁한 눈으로 자신이 겪었던 이런 부당한 일들을 쏟아 냈습니다. 일주일에 15시간 이상 일한 모든 노동자가 받아야 하는 주휴 수당을 당연한 듯 받지 못한 일부터, 갑작스럽게 그만 나오라는 통보를 받은 일까지 사례는 정말 다양했지요.

노동자가 노동법이나 법적인 권리들을 정확히 모르는 것 같을 때면, 함께 다니는 노무사가 그 자리에서 바로 노동 상담에 나섰습니다. 노동법에 대해 교육받을 기회가 거의 없으니 노동자들은 부당한 일을 당해도 정확히 무엇이 부당한지 알기 어렵지요.

"주휴 수당 받고 계신가요?"

"그거 받으려면 고용 보험 들어야 해서 안 받아요."

"엇, 잠깐만요. 고용 보험과 상관없이 주휴 수당은 줘야 해요."

"그래요? 몰랐어요. 예전에 일하던 곳에서 그렇다고 했었거든요. 거기서는 부당 해고도 있었는데 주휴 수당도 안 준 거였네요. 신고하려다가, 뭔가 부담스럽기도 하고 잘 모르겠기도 하고 시간도 많이 지나 버려서 그냥 안 했어요."

신고를 한다면 각 지역에 있는 고용노동청에 해야 합니다. 하지만 청년 노동자들에게 고용노동청은 정말 멀게 느껴지지요.

어떤 청년은 근로 감독관 제도에 대해 불만을 쏟아 내기도 했습니다. 전에 일했던 곳에서 최저 임금을 제대로 받지 못했지만 그 사실을 근로 감독관에게 제대로 말하지 못했다는 겁니다.

"근로 감독관은 사장님한테 급여 지급 내역 등을 꼼꼼하게 확인하지 않아요. 그냥 '알바생'들에게 '최저 임금 받아요?' 하고 물어보는 정도예요. 사장님이 노동법 위반으로 신고당하면 저에게 추궁을 할까 봐 솔직하게 말 못 했어요. 영세한 것도 아니고 운영하는 점포만 5개가 넘으면서 최저 임금도, 주휴 수당도 주지 않았던 사장님들을 생각하면 너무 억울해요."

근로 감독관은 노동법을 지키도록 감독하고 지도하는 사람을 말합니다. 노동법 위반에 대해서는 사법 경찰과 같은 권한을 가지고 있지요. 하지만 나라에서 운영하고 있는 현재의 근로 감독관 제도는 '알바' 노동자들의 고충을 해결해 주기에는 여러 문제점이 있습니다. 일단 감독관 수가 너무 부족합니다. 근로 감독관 1인이 담당하는 기업 수는 1,300여 개, 휴일도 없이 하루에 네 곳씩 돌아야 1년에 한 번씩이라도 가 볼 수 있습니다. 근로 감독관의 노동 강도가 더없이 높다 보니 사업장 한 곳 한 곳 자세하게 살펴보기가 어려워요.

특별 근로 감독은 더 엄두를 못 냅니다. 특별 근로 감독은 노동법 위반이 제보되거나 안전사고가 터졌을 때 집중적으로 근로 감독을 하는 것인데, 이 역시 시간과 일손이 부족하니 제대로 진행되지 않는 것이지요.

최근 정부에서는 근로 감독관 수를 늘리기로 하고, 근로 감독관 채용 시험에 노동법을 시험 과목으로 추가했지만 그래도 문제는 남아요. 고용노동청은 여전히 노동자들에게 너무 멀고, 받지 못한 임금을 받을 길도 모호합니다. 이러한 문제들을 편의점 노동자들은 이미 몸으로 알고 있었습니다. 저는 이들을 직접 만나면서 문제를 체감해 갔습니다.

라이더들의 일상

30센티미터, 한 번에 껴입은 내복을 쌓아 올린 높이입니다. 사람이 저 옷을 다 입을 수 있나 싶었지만 제가 만난 배달 노동자는 이렇게 입어야만 겨울을 견딜 수 있다고 했습니다. 저 많은 내복을 입어도, 차가운 바람 속을 달리다 보면 손발이 동상에 걸리기 일쑤

겨울철 배달 노동자가 한 번에 입은 내복의 양.
(사진: 정혜연 제공)

인 것이 배달 노동을 하는 '라이더'들의 일상입니다.

요즘 이런저런 배달 '앱'이 참 많아요. 그런 앱을 통해 배달 서비스를 하는 업체도 계속 늘고 있습니다. 하지만 그렇게 주문한 상품을 실제로 배달해 주는 라이더들의 노동 강도는 평소 제가 알고 있던 것을 아득히 뛰어넘었습니다.

라이더들을 고달프게 하는 것은 날씨만이 아니었습니다. 가장 큰 문제는 그들의 노동이 제대로 보호받지 못한다는 것입니다. 앱을 통한 배달 노동은 최근에야 등장한 새로운 노동 형태이기에, 아직 이들은 법의 테두리 안에서 제대로 보호받고 있지 못합니다. 그 때문에 배달 노동자들의 다수는 매우 열악한 처지에 놓여 있지요.

우선 라이더들은 법적으로 노동자가 아닙니다. '개인 사업자'입니다. 배달 건당 대가를 받으며 일하기 때문입니다. 간혹 고정적인 임금이 나오는 곳에 취업된다 하더라도, 배달 업체들은 퇴직금을 주지 않으려고 몇 개월 단위로 짧은 고용 계약만을 맺습니다. 토막토막 고용하는 것이지요. 그러다 보니 임금이 적고 또 불안정해요. 그래서 많은 라이더가 산재 보험 등 각종 사회 보험을 받지 못하는 사각지대에 있습니다.

배달 노동자들 사이에서는 짧은 동선의 배달을 맡으려는 경쟁이 치열해요. 1, 2분이 아깝기 때문입니다. 나아가 목숨을 걸고 배달해야 하는 경우도 많아요. 폭우가 오든 폭설이 오든 도로가 아무리 위험한 상황이어도 일을 쉬기는 쉽지 않습니다. 이런 날은 아예 회사가 배달을 막으면 좋으련만, 많은 회사가 당장의 이득을 포기하지 못하고 주문을 받아 버리지요.

제가 만났던 한 여성 라이더는 그 때문에 마음고생이 무척 심했다고 했습니다.

"제가 갓 들어간 신입이었을 땐 그 경쟁에서도 밀리고, 왜인지 저에게만 장거리에 위험 도로 쪽 배달이 자꾸만 넘어오는 거예요. 억울한 마음에 이런 방식의 배치에 문제 제기를 하면 더더욱 따돌림을 받고 고립되었어요. 그래도 회사에서 어떤 조치도 취해 주지 않았고요."

'여성' 라이더로서 받는 온갖 편견 역시 일하는 것을 더욱 힘들게 만들었습니다.

"위험한 길, 장거리 배달에 혹여나 다치기라도 하면 '여자가 왜 그런 일을 해서 다치기나 하냐?'라는 말을 들어요. 성희롱이나 성추행 문제도 있고요. 예전에 일하던 곳은 여성이 따로 갈 수 있는 샤워실도, 화장실도 없어서 혼자 전전긍긍했어요."

라이더 중 많은 수가 고졸 노동자입니다. 갓 스무 살이 된 친구들 중에는 돈을 벌어서 공부를 더 하고 싶어 라이더 일을 시작했는데, 다치는 바람에 공부도, 일도 제대로 할 수 없게 된 안타까운 경우도 있었습니다. 라이더 일을 하다가 다쳐서 쉬게 되면 일을 하지 못하고 돈도 벌지 못합니다. 또 어쩌다 음식이 뒤바뀌거나 배달이 늦어져 취소당하기라도 하면, 그 음식값을 다 물어내기도 합니다. 많은 편견과 부당함이 배달 노동 일에 집중되어 있었어요.

바리스타, 겉으로는 근사해 보이지만

"바리스타 월급으로 살기는 사실 벅차요. 엄청 짧게 일하니까 '투 잡'을 뛸 수밖에 없죠. 거리에서 버리는 시간도 많아요."

프랜차이즈 커피 전문점에서 일하는 바리스타라고 하면 무척 근사한 이미지를 떠올리게 됩니다. 밝은 조명, 멋진 인테리어, 은은한 커피 향부터 먼저 생각나면서 그 속에서 우아하게 일하는 모습이 머릿속에 그려지지요. 그러나 실제 바리스타의 처지는 그렇

게 우아하지만은 않습니다. 많은 바리스타가 정규직이라는 이름에 걸맞지 않게 적은 임금으로 생활고를 겪고 있거나, 아니면 무기계약직으로 일하며 차별 대우를 받고 있습니다.

이들은 딱 최저 시급만 받는 경우가 많습니다. 게다가 하루에 일하는 시간도 대체로 5시간 정도밖에 안 되지요. 그러면 한 달에 고작 100만 원 정도로 생활을 이어 가야 해요. 그로 인해 다른 일을 하나 더 구하면, 연장 근로 수당을 포기해야 합니다. 어쩌다 더 오래 일할 수 있는 날이 생겨도 일할 수가 없으니까요. 또 첫 직장 근무 시간과 다음 직장 근무 시간 사이에 꽤 많은 시간을 버리기 일쑤입니다.

바리스타들이 이렇게 짧게 근무하는 데는 이유가 있습니다. 카페에 가면 손님이 많은 시간이 있고, 별로 없는 시간이 있지요. 그래서 카페 사장들은 손님이 많이 오는 시간에만 바리스타를 짧게 고용하려고 합니다. 그러면 더 많은 이윤을 남길 수 있지요. 그 대가를 바리스타들이 치르는 겁니다.

누군가는 그렇게 단시간으로 일하는 것에 동의하고, 그러니까 처음부터 그런 줄 알고 바리스타 일을 시작한 것 아니냐고 되묻기도 합니다. 하지만 바리스타라는 꿈을 선택했다고 해서 열악한 조건을 무조건 감수해야만 하는 것은 아닙니다. 단시간 노동을 오랜 기간 감수해야만 인정받을 수 있는 구조의 문제를 개인의 탓으로 돌릴 수는 없지요.

기업의 효율성을 위해 어쩔 수 없이 단시간 노동을 해야 하는 노동자에게는, 그 불안정에 대해 보상을 해 주어야 합니다. 기업이 짧은 시간 동안, 불안정하게 사람을 고용해야 한다면 그런 사람에게는 임금을 더 지불하는 것이 옳아요. 호주에는 '캐주얼 수당'이라고 하여 이런 불안정 노동자에게 기본임금의 23%를 가산해서 주는 제도가 있어요. 우리도 이런 제도를 고민할 필요가 있습니다.

'1,000명의 '알바' 노동자 만나기 프로젝트'를 통해 저는 정치가 일하는 청년들 곁에 서 있어야 함을 다시 한번 확신하게 되었습니다. 많은 정치인이 청년을 위한 정치를 이야기하지만, 선거철의 구호로만 그치고 만 경우가 대부분이지요. 그래서는 실제 청년들의 삶이 바뀌기 어렵습니다. 저는 앞으로 해야 할 일은 청년 노동자들의 삶을 구체적으로 바꿔 가는 정치임을 더 깊이 깨달았습니다.

택배 상하차, 육체노동의 끝

이때 만났던 청년들이 들려준 많은 이야기는 저에게 큰 공부가 되었어요. 비록 목표했던 서울시 의원은 되지 못했지만, 정의당 청년 부대표로서, 청년들이 겪는 문제를 해결하고자 하는 청년본부 본부장으로서 계속해서 일했습니다. 청년 노동자들을 일일이 만나 이야기를 듣는 것을 넘어서, 청년들이 많이 일하는 분야를 심층 조사하기도 했습니다.

2018년 지방 선거가 끝나고, 한숨 돌리며 여름을 보내고 있을 때였어요. 그해 더위는 정말 지독했습니다. 에어컨 없이는 잠을 이룰 수 없는 폭염이 계속되던 때, 막 군대에서 전역한 20대 청년이 택배 회사의 상하차 밤샘 아르바이트를 하는 도중에 쓰러졌다는 소식을 들었습니다.

택배 회사에 배달할 물건을 맡기면, 회사에서는 일단 물건들을 한곳에 모읍니다. 가는 곳이 제각각인 택배들을 지역별로 일일이 분류한 뒤 각 지역 담당 택배 기사들의 트럭에 다시 싣지요. 이렇게 물건들을 차에서 내려서 분류하고 다시 차에 올리는 일을 택배 상하차 작업이라고 합니다. 택배 회사에서는 이 일에 주로 '알바' 노동자를 쓰지요.

오늘 보낸 택배가 내일 도착하려면, 상하차 작업을 밤새도록 해야 합니다. 그 20대 청년은 무더위 속에서 웃통을 벗고 땀을 뻘뻘 흘리며 상하차 일을 하다 전기에 감전되어 쓰러졌고, 결국 목숨을 잃었습니다. 폭염이 기승을 부리고 있던 때였는데도 청년이 일하던 넓은 작업장에는 선풍기만 겨우 몇 대 돌아가고 있었습니다. 제대로 된 에어컨조차 없는 곳에서 포도당 캔디 두 알로 버티며 일하다 당한 사고였습니다.

이 소식을 접한 저는 정의당 청년본부와 함께, 당장 상하차 아르바이트에 대한 실태 조사와 심층 인터뷰에 들어갔습니다. 상하차는 20대 청년 절반 이상이 한 번쯤 해 보았다고 할 정도로, 많은 이가 경험한 일입니다. 그런데 이 일을 해 본 이들은 하나같이 입을 모아 이렇게 이야기합니다.

"육체노동의 최종 보스."

"육체노동의 '끝판왕', 아예 생각도 말아라."

'알바' 중에서도 손에 꼽힐 만큼 힘들다는 것이지요. 이런 말들만 보아도 얼마나 힘들고 고된지 알 수 있습니다.

실태 조사와 심층 인터뷰를 진행하면서 이 일이 왜 그렇게 힘든지 더 잘 알게 되었습니다. 일 자체가 고되기도 하지만, 일하는 환경이 너무나 열악했습니다. 대다수 택배 업체가 일터에 냉난방 시설을 제대로 갖춰 두지 않은 것은 물론, 절반 이상이 최저 임금을 지키지 않았습니다. 지게차와 트레일러가 정신없이 다니는 통에 위험한 순간이 자주 있는데도 안전 교육조차 제대로 진행하지 않았습니다. 인터뷰를 했던 한 노동자는 실제로 이렇게 말하기도 했습니다.

"물량이 많으면 컨베이어 벨트 가동 속도가 빨라져요. 정말 빠를 땐 사람이 레일 업무를 보기 힘들 정도예요. 작업을 하려고 컨베이어 벨트를 넘어 다니고 그 위를 뛰어다니기도 하지만, '벨트에 손을 넣지 말라, 가까이 가지 말라' 정도의 경고가 전부예요. 레일 위에서 작업하라고 누가 시킨 적도 있었는데, 그땐 저도 이건 정말 아니라고 생각했어요."

정의당 청년본부는 이러한 조사 결과를 언론에 알리고, 다른 단체들과 함께 20대 청년의 죽음에 대해 택배업체는 제대로 책임지라고 요구했습니다. 택배업체는 모른 척했지만 다행히 여러 언론이 택배 노동의 상황을 보도했고, 그 덕분에 많은 사람이 이 문제에 대해 더 알아 가기 시작했습니다.

그 와중에 저희에게 한 통의 제보가 들어왔습니다.

노동청의 약속

대전의 어느 고등학교 선생님이었습니다. 자신이 가르치는 학생들이 상하차 밤샘 아르바이트를 한다는 내용이었어요. 만 18세 미만 청소년은 법적으로 밤샘 작업, 즉 오후 10시부터 오전 6시까지 일하는 것이 금지되어 있습니다. 아주 예외적으로 고용노동부 장관의 인가를 받은 경우에만 가능합니다. 하지만 우리가 아는 그 위험하고 고된 상하차 현장이 청소년 야간 노동 허가를 받았을 리 없습니다. 저는 그 소식을 듣자마자 학생들과 선생님을 만나러 노동건강연대에서 활동하는 노무사, 그리고 언론사 기자와 함께 대전으로 내려갔습니다.

다행히 그때는 이미 학생들이 상하차 일을 그만둔 상태였습니다. 학생들을 면담하면서 왜 그만두었느냐고 물으니 이런 답이 돌아왔어요.

"인간 대우를 해 주지 않는 곳이어서요. 약속한 돈도 제대로 안

116

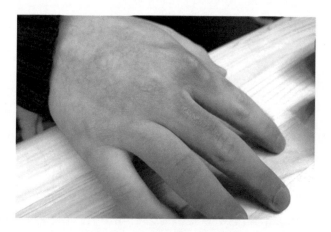

택배 상하차 아르바이트를 하다 다친 손.

(© 김종훈)

주고, 욕설을 하고 소리를 질러서 힘들었어요."

하루 일당으로 6만 5,000원에서 8만 원을 받았다는 얘기도 했습니다. 저는 너무 황당해서 그것이 얼마나 심각한 문제인지 이야기해 주었습니다.

"어른들은 11만 원에서 13만 원을 받아요. 그래야 최저 임금을 지키게 되는 거예요. 최저 임금은 청소년이라도 예외가 아닌데, 어떻게 그 절반만 주고 일을 시킬 수 있지요?"

왜 욕설을 들으며 일하면 안 되는지, 왜 최저 임금 이상을 받아야 하는지 아이들은 잘 몰랐습니다. 정확히 이야기해 주는 어른들도 없었지요. 선생님이 상황을 알아차리기 전까지 이들에게 노동자의 권리를 세세히 알려 준 사람은 없었어요. 우리를 만난 뒤에야 학생들은 자신들이 부당한 대우를 받았다는 것을 알게 되었습니다.

우리는 이 문제를 대전지방고용노동청에 알렸고, 불법 야간 노동 및 최저 임금 위반 등의 문제를 개선하겠다는 노동청의 약속을 받았습니다. 선생님과 학생들이 용기 있게 목소리를 내어 준 덕분입니다. 우리는 그 후 지금까지도 노동청이 제대로 약속을 지키도록 하기 위해 애쓰고 있습니다.

여전히 위험한 상하차 아르바이트 현장에 청소년들이 있을 겁니다. 시간은 걸리겠지만, 문제를 해결하고자 하는 사람들이 차근차근 목소리를 모아 가다 보면 점차 나아질 것이라 생각합니다.

저는 정치를 잘 모르는데요

"제가 정치나 그런 거랑 좀 멀어서요. 잘 모르는데……."

'1,000명의 '알바' 노동자 만나기 프로젝트'를 할 때, 제가 정치가라고 이야기하면 대부분 저를 이렇게 낯설어했습니다. 저 같은 청년 정치가는 물론이고, 그냥 정치 자체를 잘 모른다고 하는 경우가 많았지요. 그 마음 아래에는 정치와 정치인에 대한 불신도 있었습니다. 새벽 6시 무렵, 어느 편의점 노동자는 저에게 이렇게 말하기도 했습니다.

"정치인들은 우리 같은 사람들의 삶에 관심이 없어요. 내 인생도 앞으로 별로 바뀌지 않을 것 같아요."

그런 그에게 제 명함을 내밀었습니다. 지금이 아니더라도 언젠가 한번쯤 일터에서 부당한 일을 겪을 수 있다고, 그럴 때 어디다 이야기해야 할지 모르겠다면 저에게 전화를 달라고, 그러면 해결을 위해 같이 힘쓰겠다고 말했습니다. 제가 있는 정의당에는 비정규직 상담 창구가 있다는 말도 덧붙였습니다.

이런 이야기를 하자 그 노동자는 제 명함을 슬그머니 자기 지갑에 집어넣었습니다. 저는 그 무심하고 사소한 행동에서 희망을 느꼈습니다. 정치가들은 선거 때만 되면 여기저기 명함을 뿌리지만, 많은 명함이 그냥 길에 버려지고 말지요. 시민들이 그 명함의 쓸모를 찾기 어렵기 때문일 겁니다. 하지만 제가 노동 이야기를 하자,

일하는 당신의 손을 잡겠다고 말하자 사람들은 저처럼 어리고 낯 모르는 정치인의 명함이라도 버리지 않고 지갑 속에 간직했습니다. 정치라는 것이, 이렇게 사람들의 삶에 다가갈 수 있구나 하고 느꼈습니다.

요즘 청소년들, 청년들이 정치에 무관심하다는 말들을 많이 합니다. 청소년과 청년 스스로 그렇게 말하기도 하지요. 저는 그렇게 생각하지 않습니다. 적어도 제가 만난 이들은 달랐습니다. 지난 선거 기간 동안 만났던 수많은 청년들, 상하차 문제를 해결하고자 만났던 청소년들은 모두 자기 삶의 문제를 스스로 해결하고자 했고, 정치가 함께하고자 했을 때 거리낌 없이 손을 잡았습니다. 노동 현장의 문제를 해결하고자 하는 정치라면 의지하고 신뢰했습니다.

과거에는 존재하지 않았던, 우리가 관심을 가져야 할 새롭고 다양한 형태의 노동이 있습니다. 그리고 많은 청소년과 청년이 그러한 노동의 한복판에 들어가 있어요. 끊임없이 달라지고 있는 노동 현장과 달리, 우리나라의 법과 제도, 그리고 사람들의 생각은 이런 변화를 뒤따르지 못하고 있습니다. 그 때문에 취약한 노동 환경에 놓이는 이들도 늘어가고 있습니다.

저는 정치를 통해 이런 현실을 바꿔 나가고자 합니다. 혹여나 여러분이 꿈을 펼쳐 나가는 도중에 일터에서 열악한 환경에 맞닥뜨리거나 혹은 부당한 일을 당했을 때, 이를 어쩔 수 없는 일이라고 생각하지 않았으면 좋겠습니다.

물론 혼자서는 바꾸기 버거울 수 있습니다. 거대한 벽이 느껴질 수도 있지요. 그러나 정치를 통해 더 많은 사람이 힘을 모은다면 그 거대한 벽에도 틈을 낼 수 있습니다. 정치의 쓸모를 더 많은 사람이 기억했으면 좋겠습니다.

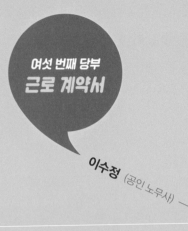

여섯 번째 당부
근로 계약서

이수정 (공인 노무사)

노동자에게는
권리가
있습니다

사람은 사고팔 수 없으니까

"노동은 상품이 아니다."

1944년 '국제노동기구의 목적에 관한 필라델피아 선언'에서 확인한 첫 번째 원칙입니다. 노동력은 사람에게서 따로 떼어 팔 수 있는 것이 아닙니다. 늘 사람과 함께 있어야 하지요. 다른 사람의 노동력을 구매하는 사람들이, 노동의 이런 특수한 성격을 잘못 이해해 노동자를 상품 취급할 때가 많습니다. 그런 의미에서 "노동은 상품이 아니다."라는 선언은, 사람은 사고파는 대상이 될 수 없다는 선언과 다르지 않습니다.

자본주의 사회에서는 세상에 못 팔 것이 없는 것처럼 모든 것이 상품이 되고 거래됩니다. 그래서 사람도 '경제 성장을 위한 인적 자원'으로만 여겨지곤 합니다. 마치 교체 가능한 기계 부속품처럼 혹은 쉽게 뽑아 쓰고 버리는 일회용 티슈처럼 취급하는 것이지요. 노동자가 노동력을 판다고 하여 노동자의 인격마저 거래할 수 있다고 생각한다면 이는 노동자의 존엄성을 심각하게 훼손하는 일입니다. 노동자는 돈, 즉 경제적 보상을 위해서만 일하지 않습니다. 일터에는 그 외에도 우애와 유대감, 연결되어 있다는 지지와 연대감이 있어야 합니다. 일터에는 사람과 사람의 관계가 있기 때문입니다.

몇 년 전, 웨딩홀에서 일하는 노동자가 제게 이런 말을 했습니다.

"마치 물건처럼 병풍 뒤에 쭈그려 있다가 부르면 달려 나가 일하는 상황이 너무 힘들어요."

또 어떤 오토바이 배달 노동자는 이렇게 말하기도 했어요.

"일하다 발목을 다쳤어요. 근데 다치자마자 고장 난 물건 버리듯이 바로 나가라니 속상해요."

오래전 노동은 상품이 아니라고 선언하며 노동자의 존엄성에 주목해 왔지만 하루가 멀다 하고 나오는 노동자 인권 침해 뉴스를 보고 있자면 고개를 갸우뚱할 때가 많습니다. 그 사람의 노동력에 돈을 지불한다는 이유로, 그 사람을 함부로 대해도 되는 걸까요? 왜 이런 일이 반복해서 일어날까요? 우리 사회가 노동자의 권리에 대해 생각해 볼 기회가 별로 없었던 것은 아닐까요?

우리가 마땅히 보장해야 할 노동자의 권리에는 어떤 것들이 있을지, 여기에서는 그중에서도 특히 청소년과 청년 들이 처음 일을 시작할 때 노동자로서 보장받아야 할 권리를 유심히 살펴보겠습니다.

노동자의 권리는 누군가의 책임, 그리고 의무와 연결되어 있습니다. 노동법을 지킬 의무가 있는 사장, 그 사장이 지켜야 할 법을 만들고 고치는 국회 의원, 그 법이 잘 지켜지는지 점검하고 관리하는 근로 감독관 등이 책임을 다하는 것이 무엇보다 중요합니다. 이들이 책임과 의무를 다하지 않는다면 노동자가 아무리 권리를 잘 알고 있어도 온전히 보장받을 수 없지요. '고객 갑질'로 고통받는 노동자의 권리를 지키기 위해서는 고객(소비자)들이 노동자를 존중하는 것도 중요하고요. 서비스를 받을 때는 고객이지만 자신이 일하는 일터에서는 노동자로 입장이 바뀝니다. 노동자와 연결되어 있는 많은 사람이 노동자 입장에서 생각한다면 노동자가 누려야 할 권리의 목록이 더 잘 보일 거예요.

그중 하나가 나의 노동 조건에 대해 '알 권리'입니다. 노동자의 권리는 자신의 노동 조건을 제대로 아는 것에서 출발합니다. 월급, 노동 시간, 휴식 시간, 휴가 등이 노동 조건이에요. 일을 구할 때 살피는 구인 광고, 일을 시작할 때 쓰는 근로 계약서는 노동자가 자신의 노동 조건에 대해 알 권리를 충분히 보장해야 합니다. 먼저 구인 광고에 담겨 있는 노동 조건부터 살펴볼까요?

구인 광고 뜯어보기

일을 구할 때 제일 먼저 찾아보는 것이 구인 광고죠. 그런데 아무것도 얻어 낼 수 없을 정도로 속이 텅 빈, 즉 정보가 부족한 경우가 많습니다. 이렇게 무성의한 광고를 보면 '좋은 알바를 구한 사람은 그저 운이 좋은 사람일까?' '노동 조건은 운에 맡겨야 할까?' 하는 생각이 들기도 해요. 운에만 맡기지 않으려면 부족한 구인 광고라도 그 속에 숨어 있는 노동 조건을 꼼꼼하게 따져 봐야 합니다. 음식점이나 미용실을 이용할 때 가게 입구에 마련되어 있는 차림표나 가격을 유심히 보고 결정하는 것처럼요.

구인 광고로 다 알 수 없는 내용은 꼭 물어보고 시작하는 것이 중요합니다. '그러다 일을 영영 구할 수 없을지도 몰라.' 하는 불안한 마음에서, 혹은 '서로 불편한 건 안 묻는 게 좋겠지.' 하는 생각에서 그냥 넘어간다면 '좋은 알바'를 구하는 건 머나먼 일이 될지도 모릅니다.(물론 구직자의 노력 부족을 탓할 수만은 없어요. 제일 중요한 건 사용자가 구인 광고에 노동 조건을 구체적이고 정확하게 표시하는 것이니까요.)

어떤 일을 하는지, 하루 중 언제 몇 시간 동안 일하는지, 일하는 요일은 언제고, 시급이나 주급, 월급은 얼마인지, 일하는 도중 쉬는 시간은 언제인지 등을 자세히 알고 일을 시작해야 합니다. 그러면 일하면서 겪게 될 갈등이나 위축되는 마음도 줄어들 거예요.

소비자의 권리에 민감한 것처럼 노동자의 권리에 대해서도 좀 더 당당하게 얘기할 필요가 있습니다. '싹수없다' '너 말고도 쓸 사람 많다'는 식의 핀잔을 주는 사장도 있겠지만, 노동자의 알 권리를 이야기하는 사람이 많아질수록 사장도 다음 사람을 구할 때 신경을 안 쓸 수 없겠죠. 당당하게 질문하는 사람이 많아지면 변화도 좀 더 빠를 거예요. 나만 손해 볼 것 같아 망설여지겠지만 누군가의 권리를 지키는 데 긍정적인 영향을 끼친다면 용기 내 볼 만하지 않을까요?

아무도 이야기하지 않으면 구인 광고는 계속 무성의하게 나오고 구직자의 권리는 계속 무시되겠죠. 예를 들어 "내규(취업 규칙, 회사 규칙)에 따름."이라고 하면서 중요한 정보를 알려 주지 않는 것, "시급은 협의 후 결정."한다면서 일방적으로 최저 시급으로 정하는 것, "나이·경력 상관없음."이라 해 놓고 나이와 경력을 묻거나 심한 경우 쓱 훑어보고는 벌써 사람 구했다며 퇴짜 놓는 것은 모두 노동자의 권리를 무시하는 처사입니다.

불충분한 정보를 주는 구인 광고만큼 주의해서 봐야 할 구인 광고가 있어요. '월 ○○○만 원' '하루 3~4시간으로 고소득 보장.'을 내걸며 현혹하는 경우를 본 적 있죠? 단순하게 생각해 보면 그렇게 적은 시간에 고소득을 보장하는 일이라면 굳이 사방팔방에 광고하지 않아도 사람이 몰리지 않을까요? 저렇게 과하게 광고하는 것은 의심의 눈으로 봐야 해요. 일 경험이 많지 않은 사람을 혹하게 하는 광고는 일단 무시하는 것이 좋습니다. 돈 벌러 갔다가 오히려 돈을 더 써야 하는 일에 이용되기 쉽고, 보이스 피싱이나 '대포 통장' 개설 등 법을 위반하는 일을 강요받을 수도 있습니다.

구인 광고에 숨어 있는 노동 조건을 꼼꼼하게 잘 살핀 후 일을 구했다면 그다음에는 그 내용을 근로 계약서라는 문서로 남겨야 합니다.

근로 계약서는 반드시 문서로

노동자의 노동 조건을 담는 문서로 근로 계약서 외에 '취업 규칙'이나 '단체 협약'이라는 문서도 있어요. 그런데 취업 규칙을 만드는 것은 10인 이상을 고용하는 경우에만 의무여서 작은 일터에는 이것이 없는 경우가 많아요. 또 단체 협약은 노동조합이 있는 사업장에만 있어요. 대한민국은 노동조합 조직률이 10% 정도니까 노동자 10명 중 1명 정도만 조합원이라 할 수 있어요. 직원이 10명이 안 되거나 노동조합이 없는 일터에서는 근로 계약서가 유일하게 노동자의 노동 조건을 정한 문서가 됩니다. 그러니 일하기 전에 사장이 반드시 써서 노동자에게 주도록 법으로 정해 놓았죠.(근로 기준법 제17조, 제67조)

만 18세 미만의 노동자에게 근로 계약서를 문서로 주도록 법으로 정한 것은 2008년 1월 28일부터입니다. 그 전에는 말로 하든 문서로 하든 상관없었어요. 문서를 번거롭게 여겨 대부분 말로 하고 넘어갔죠. 문제는 사장과 직원이 서로 다르게 기억하고 있는 경우 해결이 쉽지 않다는 것이었어요. 대체로 사장 말이 더 유리하게 취급되는 문제도 컸지요.

이를 해결하기 위해 만 18세 미만 노동자에게는 반드시 문서로 주도록 법을 바꿨어요. 2012년부터는 나이 구분 없이 노동자 모두에게 문서로 줘야 한다고 바꿨고요. 1개월, 3개월, 12개월 등 기간을 정해 계약하는 비정규 노동자를 보호하려는 목적도 있었습니다. 사업주가 근로 계약서를 쓰지 않거나 문서로 주지 않으면 500만 원 이하의 벌금을 내야 합니다.

법은 바뀌었지만, 여전히 문서보다는 말로 하는 경우가 많습니다. 고용노동부와 여성가족부에서 매년 하는 실태 조사에 따르면 청소년 노동자 5명 중 3명꼴로 근로 계약서를 받지 못했다고 할 정도니까요. 말로 한다고 해서 무효인 것은 아니지만 만일을 위해 문서로 받는 것이 가장 좋습니다. 법으로 정한 것이니 사장이 지키지 않을 때는 신고해서 바로잡는 것이 좋겠죠.

그런데 법대로만 할 수 없는 경우도 많습니다. 법에 따라 바로잡으려면 시간과 비용이 들 뿐 아니라 어렵게 구한 일터를 나와야 하는 일도 생기지요. 이렇게 맞서기 어려운 조건이라면 하루하루의 노동을 기록하면 좋습니다. 하멜처럼요.

하멜은 왜?

하멜은 제주도에 표류해 탈출하기까지 13년 동안, 자기가 본 17세기 조선의 모습을 세세하게 기록하여 유럽에 알린 사람으로 알려져 있어요. 그런데 하멜이 『하멜 표류기』를 쓴 진짜 이유는 따로 있었습니다. 자신이 표류하는 동안 어떤 고초를 겪었는지 회사에 보고해 밀린 임금과 보험 보상을 받기 위해서였어요. 모든 자료를 잃었지만 임금에 대한 권리를 포기하지 않고 그간 일했던 기록을 남긴 것입니다. 어디에서 어떤 상황에 몰릴지 모르는데도 기록을 멈추지 않았다는 것이 놀랍죠? 하멜처럼 일하는 동안 노동 조건을 기록하는 일은 매우 중요해요. 함께 일한 사람이 누구인지도 메모해 놓고 연락처를 알아 둔다면 후일 유용하게 쓰일 거예요.

한 예로, 패밀리 레스토랑에서 일했던 한 노동자는 예정에 없던 연장 노동을 한 달에 한두 번 정도 한 적이 있어요. 그런데 월급날이 되자 사장은 그런 적 없다고 잡아떼며 연장 수당을 안 주는 거예요. 여러 번 요구하다가 노동부에 신고했는데 사장이 인정을 안 하니 해결이 쉽지 않았어요. 그 노동자는 스마트폰 달력에 남겼던 메모와, 친구에게 보냈던 "야근 중 ㅜㅜ"이라는 문자 등을 증거로 제출했어요. 함께 일했던 동료에게도 증언을 요청해 마침내 해결할 수 있었죠.

물론 가장 좋은 것은 노동자가 기록에만 의존하지 않고 근로 계약서에 노동 조건을 분명하게 쓰는 것입니다. 그럼 근로 계약서에는 어떤 내용을 담아야 할까요? 또 담지 말아야 할 내용은 무엇일까요?

근로 계약서에 담아야 할 것

근로 계약서에 꼭 담아야 할 노동 조건은 다음과 같아요.

- 노동자의 노동력에 대한 대가라고 하는 임금,
- 노동자의 건강과 일상생활을 보장할 수 있도록 정하는 적정한 노동 시간,
- 노동자가 출근해서 해야 할 일을 확실하게 정하는 업무의 종류,
- 일하는 도중 충분히 보장해야 할 쉬는 시간(휴게 시간),
- 일주일에 일하기로 한 날 모두 일했다면 보장해야 할 주휴일,
- 아프거나 쉼이 필요할 때 언제 쉴 수 있는지 정하는 휴가와 연차.

이런 내용은 근로 계약서에 꼭 적어야 합니다. 석 달, 여섯 달 등 짧은 기간만 일한다면 언제 시작하고 끝맺는지 날짜도 정확하게 적어야 하고요. 월, 수, 금이나 화, 목 등 일주일에 이삼일만 일한다

면 일하는 요일도 적어야 합니다. 일터마다 노동자마다 일하는 시간이나 요일, 하는 일, 쉬는 날, 임금 등이 다 다르니까요.

근로 계약서에 적지 않아도 되는 노동 조건도 있습니다. 근로 기준법이나 최저 임금법, 남녀 고용 평등과 일·가정 양립 지원에 관한 법률, 산업 재해 보상 보험법 등 노동관계법에 이미 정해진 내용들은 법을 따르면 됩니다. 노동관계법에서는 노동자에게 보장해야 할 노동 조건의 기준선을 정해 놓았습니다. 상대적으로 약자인 노동자의 권리를 보장하기 위해서입니다.

따라서 기준선 이상이어야 한다고도 정하고 있습니다. 법에 기준이 있다고 딱 그만큼만 지킨다면 그 기준이 곧 최고 기준이 되어 버려 의미가 없겠죠. 그리고 그 기준선은 고정적인 것이 아니라 우리 사회의 노동 존중 수준에 따라 계속 바뀌고 있습니다. 기준선의 정도, 기준선보다 높은 수준의 노동 조건을 보장받는 노동자의 수는 곧 우리 사회의 노동 존중 수준을 보여 주는 것이라 할 수 있습니다.

최저 임금은 최저 기준일 뿐

근로 계약서에 반드시 적어야 할 노동 조건들을 하나씩 더 자세히 살펴볼까요?

먼저 임금입니다. 임금은 '최저 임금법'에 따라 정한 최저 임금

이상이어야 합니다. 최저 임금은 노동자의 적정 임금을 보장하기 위해 1986년에 만들었습니다. 그 당시 노동자의 임금이 너무 적었던 터라 법으로 기준선을 정해 최소한의 생활을 보장해야 한다는 목소리가 높았습니다. 임금이 너무 낮아 생활이 곤란하다면, 적은 임금을 벌충하기 위해 더 오래 일해야 한다면 인간다운 삶은 먼 얘기가 되기 때문입니다. 장시간 노동을 줄이고 적정 임금으로 생활하려면 최저 임금 수준이 높아야 합니다.

최저 임금은 매년 다르게 정합니다. 따라서 근로 계약서를 쓰기 전에 그해 1월 1일부터 12월 31일 사이 노동자가 보장받아야 할 최저 시급과 월급이 얼마인지 미리 알아 두면 좋습니다. 고용노동부나 최저임금위원회 홈페이지에 나와 있어요.

그런데 최저 임금은 말 그대로 최저 기준을 정한 것이기 때문에 실제 임금은 반드시 그 이상으로 정해야 합니다. 가끔 나이가 적다거나 사회 경험이 없다는 이유로 또는 수습이나 교육 기간이라는 이유로 최저 임금마저 깎는 경우가 있습니다. 이는 옳지 않습니다. 최저 임금은 일하는 기간이 1년 이상이고, 미리 근로 계약서에 수습 기간을 정한 경우에만 깎을 수 있습니다. 그것도 말로 하면 해당이 안 됩니다. 깎을 수 있는 금액은 최저 임금의 10%까지고, 최대 3개월까지만 가능합니다.

만약 일하기로 한 기간이 1년을 넘지 않거나, 1년이 넘더라도 하는 일이 편의점 계산 또는 긴 수습 기간이 필요하지 않은 일이라면 최저 임금을 깎을 수 없습니다. 만일 사장 마음대로 최저 임금을 깎았다면 법을 어긴 것이므로 체불 임금에 해당합니다.(최저 임금조차 깎는 일이 빈번한 이유는 깎을 수 있는 경우를 법으로 정해 놓았기 때문입니다. 최저선을 정해 놓고는 그마저 깎을 수 있도록 정한다면 최저 임금법을 만든 목적을 저버리는 것 아닐까요? 이 법을 장차 고칠 필요가 있습니다.)

최저 임금 이상의 임금을 정했다면 사장은 임금을 지급하는 4대 원칙을 지켜야 합니다. 고정적인 주급날 또는 월급날을 정해야 하고, 정해진 날에 주기로 한 모든 금액을 주어야 합니다. 또 임금은 물건이나 상품권이 아닌 돈으로 주어야 합니다. 무엇보다 중요한 원칙은 노동자 본인에게 직접 주어야 한다는 것입니다.

근로 기준법은 만 18세 미만의 노동자가 근로 계약을 맺을 수 있고, 임금을 직접 받도록 정했습니다. 보호자를 데려오라거나 잃어버릴 수 있으니 맡았다가 주겠다는 것, 보름치만 먼저 주고 나머지는 그만둘 때 주겠다는 것은 법에서 정한 네 가지 원칙을 어기는 것입니다.

하루 8시간, 한 주 40시간

두 번째는 노동 시간입니다. 사람은 기계가 아니기 때문에 24시간 일할 수 없습니다. 따라서 적정한 노동 시간을 정하는 것은 매우 중요합니다. 19세기에 영국에서 공장법이라는 노동법이 만들어질 때 가장 중요하게 정한 내용이 노동 시간입니다. 당시에는 어린 노동자가 하루 19시간 이상 일을 해도 아무런 문제가 되지 않았습니다. 그때 법을 만들어 노동자를 보호해야 한다고 주장했던 사람들은 '8시간 노동, 8시간 휴식, 8시간 여가'라는 기준을 이야기했습니다. 200여 년 전 주장했던 이 기준이 정착하기까지 많은 노동자가 장시간 일하다 죽거나 병들었습니다. 노동 시간이 단축되는 고비마다 이를 외쳐 온 이들의 희생이 반복된 아주 험난한 역사가 있습니다.

우리나라에 주 40시간, 하루 8시간이라는 기준이 도입된 것은 2004년에 이르러서입니다. 규모가 큰 일터에서 먼저 시작했습니다. 5명 이상 일하는 일터로까지 확대한 것은 2011년일 정도로 아주 최근의 일입니다. 여전히 5인이 안 되는 일터에는 하루 8시간 노동이 남의 일일 정도로 대한민국은 장시간 일하는 나라로 유명합니다. 이런 현실에서 적정한 노동 시간을 정하는 것은 노동자의 건강과 휴식, 여가 시간을 보장하기 위해 매우 중요합니다.

근로 기준법에 정한 노동 시간 기준은 하루 8시간, 한 주 40시간입니다. 만 18세가 안 된 노동자는 하루 7시간, 한 주 35시간이 기준이 됩니다. 법에서 정한 시간이라는 뜻에서 법정 노동 시간이라고 합니다. 보통 법정 노동 시간 안에서 일하는 시간을 정하는데 이를 소정 노동 시간이라고 합니다. 그래서 소정 노동 시간은 법정 노동 시간보다 짧거나 같습니다.

임금을 받을 때 기준이 되는 노동 시간은 실노동 시간, 즉 실제로 노동한 시간입니다. 그런데 미리 정한 소정 노동 시간이 7시간인데 어떤 날은 9시간을 일하는 경우가 생깁니다. 이렇게 소정 노동 시간보다 더 일한 시간을 연장 노동 시간이라 합니다. 임금은 당연히 연장 노동 시간을 포함해 실제로 일한 '실노동 시간'을 기준으로 받아야 합니다. 연장 노동 시간에 대해서는 시급의 50% 이상 더 받아야 하고요. 이를 가산 수당이라고 해요. 가산 수당은 아쉽지만 5명 이상 일하는 일터에만 의무입니다.(사업주에게 가산 수당을 의무적으로 주도록 정한 것은 노동자에게 장시간 일 시키는 것을 방지하기 위함인데 5인이 안 되는 사업장에서 일하는 노동자에게는 무용지물인 셈입니다. 모든 노동자에게 적정한 노동 시간을 보장하려면 앞으로 사업장이 크든 작든 예외가 없도록 해야 합니다.)

쉬는 것은 나의 권리

세 번째는 휴식 시간입니다. 휴식 시간은 일하는 도중에 노동자가 자유롭게 사용할 수 있어야 합니다. 하루 8시간을 일하는 노동자의 경우 점심시간 1시간이 하루 중 휴식 시간에 해당합니다. 이 시간에 밥을 먹을지, 친구를 만날지, 서점이나 카페에서 시간을 보낼지는 노동자가 자유롭게 정할 수 있습니다.

손님이 없는 동안이라도 대기하고 있어야 하거나 쉴 공간이 마땅치 않아 노동자가 자유롭게 쉴 수 없다면 휴식 시간이라고 볼 수 없습니다. 또 5분, 10분 단위로 쪼개 화장실에 다녀올 시간 정도만 주는 것은 휴식 시간을 주었다고 볼 수 없습니다. 화장실 가는 시간은 사람이라면 당연히 필요한 시간이기 때문에 이를 휴식 시간으로 '치는' 것은 기본권을 심각하게 침해하는 일입니다.

네 번째는 휴일과 휴가입니다. 일하면서 쌓인 피로를 풀고 몸과 마음을 회복하려면 꼭 필요한 것이지요. 휴일은 일주일 단위, 휴가는 한 달 단위와 1년 단위로 생각해 볼 수 있습니다. 일주일 중 일하기로 정한 날에 모두 출근했다면 일주일 중 하루는 임금을 받으며 쉴 수 있습니다. 이를 주휴일이라고 합니다. 한 주 평균 15시간 이상 일하는 노동자라면 누구에게나 일주일에 하루 이상 보장해야 합니다. 주휴일은 반드시 일요일일 필요는 없습니다. 일터 사정에 따라 어떤 요일이든 미리 하루를 정하면 됩니다.

한 달 단위로 쉴 수 있는 날로는 생리 휴가와 연차 휴가가 있습니다. 생리 휴가는 개근했는지와 상관없이 사용할 수 있고, 연차 휴가는 80% 이상 출근했을 경우 사용할 수 있습니다. 연차 휴가는 1년 이상 일한 노동자는 1년에 15일, 3년 이상 일한 노동자는 1년에 16일 사용할 수 있습니다. 2년마다 하루씩 늘어나 최대 25일까지 사용할 수 있습니다. 다만, 1년이 안 된 노동자의 경우 한 달 개근하면 다음 달에 하루를 쉴 수 있습니다. 너무 바빠서 연차 휴가를 사용할 수 없다면 수당으로 보상받을 수 있습니다. 만일 3개월 개근해서 3개의 연차 휴가가 생긴 노동자가 휴가를 쓰지 못하고 퇴사한다면 3개의 연차 휴가에 대한 보상을 받을 수 있습니다.(연차 휴가에 대한 의무도 5인 이상 사업장에만 해당하는 것이어서 모든 노동자의 쉴 권리 보장을 위한 제도로서 제 역할을 다하지 못하고 있습니다.)

할 일과 장소는 정확하게

마지막으로 노동자가 해야 할 일과 일할 장소입니다. 이는 노동자가 할 일을 정확히 알고 스스로 계획해서 일 처리를 할 수 있는 최소한의 자율성을 확보하기 위해 매우 중요합니다. 미리 정하지 않고 그날그날 할 일과 일할 장소를 정한다면 부당한 일을 떠맡는 경우가 많이 생깁니다.

'알바'라고 부르는 단시간 노동자, 기간을 정해 일하는 기간제 노동자의 경우 해야 할 일을 특정해 주지 않는 경우가 많습니다. '판매 및 진열 업무' '회계 자료 입력' '홀 서빙' '설거지 및 주방 청소' '배달 및 마감 청소' 등과 같이 어떤 일을 해야 하는지 알기 쉽게 정하는 것이 좋습니다. 그냥 '간단 보조 업무' '단순 업무'라고만 해 놓으면 어떤 일이 보조 업무이고 단순 업무인지 알기 어렵습니다. 사장이 '강아지 목욕시키기'처럼 개인적인 심부름을 시켜도 거부하기 어렵습니다.

이런 식으로 일을 시키다 보면 '알바'에 대해 '사소한 노동을 하는 사람' 혹은 '허드렛일이나 하는 사람'으로 여겨 제대로 된 대우를 하지 않는 경우가 생깁니다. 어떤 노동도 사소한 노동이라 할 수 없지만, 사소한 노동을 하는 사람이라 하여 사소하게 대하는 것은 큰 문제입니다.

근로 계약서를 쓸 때는 앞의 다섯 가지 기준을 기억하면 좋겠습니다. 더 중요하게 기억해야 할 것은 노동관계법에서 정한 기준은 최저 기준이므로 그보다 좋은 조건을 보장받아야 한다는 것입니다. '알바'라는 이유로, 나이가 어리다는 이유로, 사회 초년생이라는 이유로 예외가 될 수는 없습니다.

지금까지 살핀 것이 근로 계약서에 반드시 써야 할 내용이라면, 쓸 수 없거나 어쩔 수 없이 썼더라도 무효가 되는 것이 있습니다. 어떤 것들이 있는지 알아볼까요?

근로 계약서에 썼더라도 무효가 되는 것

근로 계약서에 담으면 안 되는 대표적인 내용으로 '지각하면 벌금' '식기를 깨뜨리면 10배 배상' '일할 사람을 구할 때까지 그만두지 못함' 등이 있습니다. 즉, 벌어지지도 않은 일을 미리 예상해서 벌칙이나 벌금을 물어야 한다는 내용은 근로 계약서에 쓸 수 없습니다. 이를 '위약금 예정 금지'라고 해요. 일할 사람을 구할 때까지 그만두지 못하게 하는 것은 강제 노동이라고 보아 금지하고 있고요. 법에서 금지하고 있는 내용이 버젓이 근로 계약서에 들어간다면 그 부분은 무효가 됩니다. 그러니까 노동자가 지키지 않아도 됩니다.

만약 노동자가 일터에 손해를 끼쳤다면 사장은 취업 규칙이나 근로 기준법에서 정한 기준 또는 민법에 따라 손해 배상을 청구해야 합니다. 그러지 않고 무조건 임금에서 '까거나' 벌금을 물릴 수 없습니다. 예를 들어 노동자가 한 시간 정도 지각했다면 사장과 노동자가 협의해서 일하는 시간을 한 시간 늘린다거나 다른 날 그 시간을 채우는 식으로 해결할 수 있습니다.

어쩌다 하루 10분 정도 늦은 경우라면 사회 통념상 사람이기에 할 수 있는 실수라고 생각해 넘어갈 수 있습니다. 다른 예로, 혼자서 홀 서빙을 하는데 손님이 음식값을 내지 않고 도망갔을 때 노동자에게 무조건 책임을 물을 수 없습니다. 아주 작은 실수나 손님이 도망가는 것까지 책임을 져야 한다면 계속해서 일하기 어렵겠죠?

노동자가 끼친 손해를 따질 때는 일부러 했는지 또 손해의 정도가 중한지, 다른 방식으로 손해를 예방할 수는 없었는지 등을 모두 고려해 판단합니다. 이런 절차를 거치지 않은 채 근로 계약서에 위약금을 정해 놓고는 노동자에게 무조건 모든 책임을 지라고 할 수 없습니다. 근로 계약서에 적으면 안 되는 내용을 서약서나 각서 형태로 요구하는 것도 마찬가지입니다. 노동자에게 책임을 떠넘기는 각서나 서약서는 거부하는 것이 가장 좋습니다. 만일 어쩔 수 없이 그런 문서에 서명했다 해도 그 부분은 법을 위반한 것이니 무효가 됩니다.

그런 내용을 군이 근로 계약서에 적으려는 것은 함께 일할 사람에 대해 '지각하면 벌 받아야 할 사람' '부주의하고 실수가 많은 사람' '무책임하게 일을 그만두는 사람'으로 낙인찍는 것과 같습니다. 이런 낙인은 노동자를 미성숙한 존재로 생각해서 그런 것 아닐까요? 노동자는 감독과 통제를 통해 가르치고 벌을 줘야 일을 제대로 한다는 생각이 깔린 것은 아닐까요?

이런 생각은 꽤 역사가 깊습니다. 1987년에 민주화 대투쟁이 일어났을 때 대기업 노동자들이 노동조합을 만들어 요구한 첫 번째가 '두발 자유'일 정도였으니까요. '미성숙한' 학생을 지도한다는 낡은 명분으로 두발을 규제하듯 노동자의 머리 길이와 모양을 단속해 노동자를 관리하려 한 것이지요. 이런 단속이 존재하는 일터는 노동자를 존엄한 인간이 아니라 한낱 기계의 부속품 같은 존재로 취급하는 것입니다.

30여 년이 흐른 지금도 여전히 비슷한 일이 일어나고 있습니다. '용모 단정'이라는 명분으로 립스틱 색깔을 정해 준다거나 구두

색깔과 굽 높이를 정하는 것, 안경을 쓰지 못하게 하는 일이나 머리 색깔을 단속하는 일, 일하기 편한 옷보다 몸매를 강조하는 유니폼을 입으라고 강요하는 일이 끊이지 않지요. 이렇게 외모에 대한 기준을 정해 놓고 이에 따르지 않을 경우 벌점이나 벌칙을 주는 것은 개성 추구의 자유를 침해하고 획일적인 조직 문화에 순응하도록 강요하는 일입니다. 노동자는 일하기 전에 인격 따윈 집에 놓고 와야 하는 사람이 결코 아닙니다.

노동자를 벌금과 벌칙으로 길들이려는 내용을 근로 계약서에 넣어서는 안 됩니다. 이는 노동자의 존엄성을 훼손하는 일이기 때문입니다. 근로 계약서는 노동 조건을 분명히 하기 위한 것이지, '노예 계약'을 맺는 것이 아니라는 점을 기억하면 좋겠습니다.

계약은 공정하게

노동 조건을 분명히 하려고 쓰는 것이 근로 계약서라고 했습니다. 연봉 계약서를 쓰고 근로 계약서를 썼다고 생각하는 사람도 있는데 연봉 계약서는 임금을 매년 달리 정하기 위해 맺는 계약으로 근로 계약서라 보기 어렵습니다. 연봉 계약서를 썼더라도 근로 계약서는 따로 써야 합니다.

근로 계약서 말고도 고용 관계에 따라 다른 이름의 계약서를 쓰는 경우가 있습니다. 고용 계약서, 위탁 계약서, 표준 계약서, 현장

실습 표준 협약서, 수련 계약서 등으로 계약을 맺는 경우입니다. 각 계약은 규율하는 법이 달라 이름도 다릅니다. 근로 계약서는 근로 기준법, 프리랜서와 플랫폼 노동자(대표적인 예가 배달 노동자.)가 주로 맺는 고용 계약서와 위탁 계약서 등은 민법, 아이돌처럼 대중문화 예술 활동을 하는 이들이 주로 맺는 표준 계약서는 대중문화예술산업발전법, 직업계고 학생들이 주로 맺는 현장 실습 표준 협약서는 직업교육훈련 촉진법, 의사들이 맺는 수련 계약은 전공의의 수련 환경 개선 및 지위 향상을 위한 법률과 관계있지요. 공통점이 있다면 사장 혹은 노동력을 제공받는 사람은 노동자의 존엄성을 훼손하지 않도록 공정한 계약을 맺을 의무가 있다는 것입니다.

법으로 정했다 해도 노동 조건을 충분히 문서로 남기고 공정한 계약을 맺는 일이 그렇게 쉽지는 않을 것입니다. 노동자는 흔히 말하는 '기울어진 운동장', 즉 나에게 이미 불리한 상황에서 계약을 맺어야 하니까요. 노동자 열에 아홉은 노동조합이나 동료의 지원 없이 스스로 헤쳐 나가야 하는 것이 현실이기도 하고요. 하지만 노동자에게는 보장받아야 할 권리가 있다는 것을 꼭 기억하면 좋겠습니다. 그리고 그 권리를 정한 모든 법적 기준은 최저 기준이므로 그보다 좋은 조건을 보장받아야 한다는 것을요.

혼자서 권리를 지키기 어렵다면 두셋이 함께 맞서 보세요. 내 주변에는 나에게 힘이 되어 줄 사람, 노동 상담소, 청소년 노동 인권 단체, 노동조합 등이 반드시 있다는 것 역시 기억하면 좋겠습니다.

일곱 번째 당부

노동과
정신 건강

하지현 (정신건강의학과 전문의, 건국대학교 의학전문대학원 교수)

적당한
곳에서
멈추세요

스트레스는 나쁜 것일까?

"스트레스 없는 세상에서 살고 싶어!"

일하는 이라면 누구나 한번쯤 이런 생각을 합니다. 스트레스라는 단어만큼 요즘 사람들이 자주 입에 올리는 것도 없지요. 그런데 정말 스트레스가 없으면 우리는 행복해질까요? 스트레스 없이 일을 하는 것은 가능할까요? 지금 일을 하고 있거나 혹은 앞으로 일을 하게 될 사람들이라면 한번 생각해 볼 문제입니다.

결론부터 말씀드리면 두 가지 질문 모두 대답은 "아니요."입니다. 그 이유를 알려면, 우선 스트레스가 무엇인지 정체를 파악해 볼 필요가 있어요.

흔히 사람들은 스트레스를 마치 악성 바이러스처럼 여겨요. 있어서 좋을 것 없는, 없을수록 좋은 것으로 생각하지요. 그런데 스트레스는 우리 몸과 마음이 환경에 적응하고 생존하기 위해 작동하는 반응 시스템일 뿐입니다. 좋거나 나쁠 것이 없어요. 살면서 만나게 되는 안팎의 자극들에 대해 우리 스스로 그때그때 반응해서 적응해 나가고 있을 뿐이지요.

그런 이유로 스트레스에 대한 반응을 '싸울 것이냐 도망갈 것이냐'(fight or flight)의 문제라고 말하기도 합니다. 스트레스는 일을 하면서 집중해야 할 때에도 작동하고, 상사에게 혼나거나 동료와 작은 말다툼을 하고 난 다음에도 발생해요. 이를 통해 우리가 얻는 것이 있습니다. 우리 몸과 마음이 바짝 긴장을 하면 코르티솔이라는 호르몬이 분비되어서 전반적인 몸의 반응 수준이 올라가게 됩니다. 심장 박동 수가 늘어나고 근육에 힘이 들어가고 호흡을 더 자주 하게 돼요. 그러면 우리는 재빨리 도망가거나 아니면 맞서 싸울 수 있게 되지요.

그래서 스트레스는 우리를 도울 때가 많아요. 일을 하다가 갑자기 바빠지면 집중력이 확 올라가고, 기분 좋게 심박수가 빨라지면서 기민해지고 몸동작도 신속해질 때가 있습니다. 스트레스에 맞춰서 내 몸이 반응을 잘해 준 것이지요. 이렇게 집중해 일을 하고 난 뒤 한숨 돌리면서 시원한 물이라도 들이키면 상쾌한 기분을 느낄 수 있지요. 특히 내가 해 보지 못했던 수준으로 일을 해냈다면 성취감도 느낄 수 있습니다.

이 모두가 스트레스 덕분이랍니다. 내 몸이 스트레스에 적절히 반응해서 내 '능력치'를 상승시킨 것이지요. 그 덕분에 내가 해 본 적 없는 수준의 능력을 발휘해서 나를 한 단계 업그레이드할 수 있었다면 이 또한 좋은 일 아닐까요?

이렇게 보면 스트레스는 무조건 나쁜 것이고, 없어져야 할 것이라고 생각할 필요는 없습니다. 그렇게 생각한다면 스트레스 입장에서는 무척 억울한 일이에요. 적절히 내 상태를 평가하고 잘 대응하고 위기가 끝난 뒤 바로 제자리로 돌아올 수 있다면 스트레스를 통해 내 적응력은 점점 강해질 수 있습니다. 말장난 같을지 모르지만 이럴 때에는 스트레스가 나의 스트렝스(strength, 힘)가 되었다고 할 수 있지요.

스트레스 없는 삶은 없어요. 일을 하다 보면 다 던지고 도망가고 싶을 때가 찾아올 거예요. 저도 그런 순간이 있었습니다. 그런데 모든 것을 다 버리고 간 그곳에는 스트레스가 없을까요? 그곳에도 여전히 다른 종류의 스트레스가 있을 거예요. 스트레스 없이 사는 것은 불가능해요. 우리가 할 수 있는 것은 스트레스를 잘 관리해서 내가 지치지 않도록 하면서 조금씩 내 능력치를 강화해 나가는 것입니다.

번아웃, 내가 다 타 버린다면

물론 스트레스도 지나치면 독이 됩니다. 오래 지속되면 문제가 생기지요. 흔히 그것을 '번아웃'(burnout), 즉 다 타 버린 상태라고 말해요.

스트레스에 대한 반응은 크게 세 단계로 나뉩니다. 처음에는 경고기예요. 뭔가 문제가 생겼다고 여긴 우리 몸이 적극적으로 방어를 하는 것이지요. 약 80%는 이 정도 선에서 반응하고는 곧 끝이 납니다.

그런데 스트레스를 주는 상황이 끝나지 않고 더욱 안 좋은 상황, 너무 바쁜 상황, 일을 무리해서 해야 하는 시기가 생각보다 길어질 때가 있습니다. 그러면 이전의 경고기와 달리 몸의 반응이 빨리 오지 않고, 반응의 양도 전보다 못한 상태가 됩니다. 집중력이 떨어지고 회복도 더뎌지지요. 이를 저항기라고 합니다. 말 그대로 내 몸이 저항을 하는 것이에요. 그래도 이 순간에 상황을 인식하고 일의 양을 조절하거나, 적절히 휴식을 취하면 제자리로 돌아올 수 있어요. 그렇지만 이를 무시하고 일을 계속하거나, 혹은 해야만 하는 상황이 오면 그때에는 큰 문제가 발생합니다. 내 안의 핵심 능력까지 다 소모해서 다 태워 버린 상태, 즉 번아웃 상태가 될 위험이 있어요.

캠핑을 가서 모닥불을 피워 본 적이 있나요? 처음에 장작에 불이 잘 붙지 않을 때 석유를 구해서 부으면 불이 확 올라오면서 큰 장작더미에 불이 옮겨 붙어요. 스트레스에 대한 반응이 꼭 그렇습니다. 스트레스가 생기면 장작에 기름을 부었을 때처럼 내 몸이 확

반응해서 더 기민하게 일할 수 있게 됩니다.

자, 그런데 모닥불을 보면서 밥도 먹고 이야기도 한참 나누었어요. 밤이 깊어 날은 더 추워지고 모닥불은 사그라들어서 불을 더 살려 보려는데 장작은 이미 다 타서 재만 남은 것 같아요. 이때 옆에 석유가 있다고 부으면 어떻게 될까요? 불이 붙기는커녕 그나마 남은 불씨까지 다 꺼져 버릴 겁니다. 석유를 받아서 활활 타오를 장작이 다 타 버린 상태이기 때문이지요. 바로 이런 상황이 번아웃이에요. 뭔가 열심히 해 보려고 해도 그럴 힘이 하나도 남아 있지 않은 상태가 되는 것이지요.

번아웃이 되면 주말에 충분히 쉬었는데도 여전히 월요일에는 피곤하고 집중도 안 되고 그냥 멍하기만 합니다. 입은 바짝바짝 마르고 신경도 예민해져서 동료의 작은 실수에도 '까칠하게' 반응하게 돼요. 한마디로 '내 성격이 나빠졌나?' 하고 자책하게 되는 상태가 되어 버리지요. 회복력(resilience)이 떨어지는 것입니다. 빨리 회복이 되지 않아 내 몸이 잘 반응하지 않게 되지요.

내 몸이 심박수를 올리고 근육이 긴장된 상태를 유지하는 데에는 에너지라는 비용이 들어요. 그러니 이런 상태가 끝나지 않고 지속되면 오후만 되어도 지치고, 밤에도 긴장이 풀리지 않으니 잠이 안 오지요. 그럼 지친 몸과 마음을 회복시키는 데 또다시 어려움이 생깁니다. 악순환이지요.

여기서 더 나아가 내가 이 일을 지속할 수 있을까 하는 두려움까지 생기면 더욱 안 좋은 상태가 됩니다. 이런 상태에서 일을 계속하면 부상을 입을 확률이 높아집니다. 많은 산업 재해가 바로 이렇게 노동자가 번아웃 상태일 때 일어나지요.

이런 사건이 있었어요. 영국 석유 회사 BP의 한 정유 공장에서 대형 화재가 발생했는데, 조사해 보니 사고를 일으킨 노동자는 몇 년 동안 특별한 실수 없이 일을 잘해 오던 사람이었어요. 그런데 당시 회사가 경영을 효율화하겠다는 이유로 인력을 줄였고, 그 때문에 매시간 일하는 노동자의 수가 줄었던 거예요. 화재가 일어났을 당시 이 노동자는 약 보름 동안 잠을 제대로 자지 못한 상태였습니다. 평균 수면 시간이 하루에 약 5.5시간에 불과했다고 하지요. 잠이 부족해 뇌가 지친 상태가 되다 보니 여러 가지를 살펴볼 여력이 없어졌고 그것이 큰 화재로 이어졌던 것이지요. 이는 그 사람의 능력이 부족해서 벌어진 일이 아닙니다. 쌓인 피로가 그 사람의 몸과 마음을 다 태워 방전시켜 버려서 생긴 일이라고 봐야 하지요.

그러니 스트레스에 대한 저항기가 왔다고 여겨지는 신호가 내 몸과 마음에서 보인다면 멈출 줄 알아야 합니다. 물론 일하면서 내 맘대로 쉬기란 쉽지 않지요. 하지만 적어도 내 상태에 대해서는 누구보다도 내가 예민하게 챙겨야 합니다. 무리해서 일을 하거나 잘 쉬지 못해 번아웃이 오게 되면, 그때는 크게 다치거나 큰 사건이 생길 가능성이 커지니까요. 이런 스트레스의 메커니즘을 잘 이해

하는 것이 중요합니다.

이 정도면 충분해

그런데 객관적으로 보아 번아웃이 될 만큼 스트레스가 심하지 않은데도, 나는 무척이나 힘들고 괴로울 때가 있습니다. 이는 스트레스가 '잘못' 작동한 경우입니다. 스트레스의 정체에 대해 이해했으니 이제 그것이 잘못 작동해서 우리의 정신 건강에 악영향을 미치게 되는 과정을 이야기해 보려고 합니다.

몸과 마음은 서로 연결되어 있어요. 마음이 먼저 상황을 평가한 뒤 그에 맞춰서 몸을 반응시킵니다. 마음에서 나쁜 생각이 들면 몸이 바로 바짝 긴장을 하고, 심박수가 살짝 올라갑니다. 그럼 나는 혹시 주변에 무슨 나쁜 일이 있는데 놓치고 있는 것은 아닌지 한 번 쭉 둘러보게 되지요. 다행히 별일이 없다면 다시 기본 상태로 돌아오고요.

그런데 예민한 사람들은 이런 상황을 자주 겪는 데다 아주 사소한 일마저 제대로 대비해야 할 큰일로 오해해서 몸의 긴장을 풀지 못해요. 마음은 더 바짝 준비를 하라는 명령을 내립니다. 그것이 바로 '불안'이 발생하는 메커니즘이에요.

불안(不安)이란 말 그대로 안전하지 못하다고 여기는 것입니다. 우리 마음이 평화, 사랑, 행복 같은 것보다 더 앞서서 생각하는 것이 바로 '안전'이에요. 평화든 사랑이든 일단 내가 살아 있어야 구할 수 있는 것이니까요. 그런데 내 주변이 안전하지 못하다고 여겨지면 거기에 맞춰서 스트레스 반응을 하게 되고, 그것이 불안으로 이어지게 됩니다.

적당한 수준으로 염려하고, 거기에 맞춰서 몸의 반응 수준을 올리는 긴장을 하면 딱 좋지요. 상황이 끝난 뒤 바로 휴식을 취할 수 있으면 더욱 좋고요. 그런데 상황을 과대평가하면? 혹은 과잉 반응을 하면? 바로 이 두 상태가 불안으로 넘어가는 길이에요. 발생하지 않을 일까지도 미리 준비하고, 제일 나쁜 상황을 미리 생각하는 것. 그것을 우리는 '걱정'이라고 하지요. 또 상황에 대한 평가는 제대로 했지만 과잉 반응을 해서 위험에 대응하려고 하는 것, 이것을 '불안'이라고 부릅니다.

염려와 긴장 정도면 될 상태가 걱정과 불안으로 '양질 전환'을 하게 되면 몸은 쉽사리 정상화되지 않아요. 과잉 대응을 하니 쉽게 피곤해지고, 시간이 지날수록 집중력도 떨어지지요. 밤이 되어 몸은 피곤한데 정신은 되레 말똥말똥해져서 불면의 괴로움까지 얹어집니다.

혹시 자신이 남에게 나쁜 말을 듣는 것을 끔찍이 싫어하고, 일어날 수 있는 모든 변수를 생각해 미리 준비하는 것을 좋아하는 성격이라면 더욱더 염려와 긴장이 걱정과 불안으로 넘어가기 쉬워요. 그러니 내가 너무 위험하게 상태를 파악하고, 과잉 대응을 해서 피곤한 것 아닌가 싶은 마음이 든다면 재조정이 필요해요. 상황을 조금 덜 위중한 상태로 평가하고, 빈틈을 하나도 보이지 않겠다는 마음을 조금은 내려놓는 거예요.

처음에는 무서워서 잘되지 않을 거예요. 그래도 애써서 한두 번 해 보고, 별일이 벌어지지 않는다는 것을 확인해야 해요. 그러면서 조금씩 낮추는 것이지요. 모든 것을 100점 맞으려고 하지 마세요. 그러면 지칩니다. 진짜 힘을 내야 할 곳에 힘을 쓰지 못해요.

"이 정도면 충분해."

이런 마음이 더 우선해야 해요. 배가 꽉 찰 때까지 먹는 것보다 적당히 불렀을 때 식사를 멈추는 것이 기분에도 좋고 몸에도 좋듯이 말이에요. 적당한 곳에서 멈추세요. 더 노력하고, 더 열심히 하고, 실수하지 않기 위해 애쓰는 마음은 물론 좋아요. 하지만 그러다가 먼저 지쳐 버리면 안 되지 않겠어요? 이 정도면 충분하다는 '이너프'(enough)의 마음 자세는 나를 편안하게 만들어 주고, 기분 좋은 상태를 유지해 줍니다.

운전면허를 따려면 먼저 필기시험을 치러야 합니다. 2종 보통 면허의 경우 100점 만점 중에 60점을 넘으면 합격이에요. 60점만 넘으면 그다음은 모두 똑같다는 것이죠. 이런 시험을 치르는데 70점이나 80점이 아니라 꼭 100점을 맞겠다고, 한 문제도 틀리지 않겠다고 문제집을 서너 개씩 사서 밤새워 공부할 필요가 있을까요? 몇 개는 틀려도 됩니다. 바로 그런 마음을 가져 보는 거예요.

그것이 과도한 걱정과 불안에서 벗어나서 내 에너지를 아끼는 제일 좋은 방법입니다.

스트레스는 어떻게 풀까?

이제 스트레스를 푸는 방법에 대해 생각해 볼까요? 일을 하다가 스트레스를 받으면 어떻게 푸는 것이 좋을까요? 잠을 푹 자는 것? 좋은 방법이에요. 등산이나 수영을 하거나 피트니스 센터를 가는 사람도 있어요. 운동을 하는 것도 아주 좋습니다. 친구들을 만나서 맛있는 것을 먹으며 재미난 이야기를 나누는 것? 그것도 좋습니다. 그런데 많은 어른이 하고 있지만 여러분에게는 별로 권하고 싶지 않은 것이 세 가지 있습니다. 바로 술, 담배, 게임이에요.

"취할 때까지 술을 마셔요."

"질릴 때까지 게임을 해요."

어른들 중에는 스트레스를 어떻게 푸느냐는 질문에 이렇게 답하는 사람들이 꽤 있어요. 운동이 좋다는 것은 알지만 운동할 시간이 없거나, 귀찮아서 못 한다고 해요. 운동은 하러 가기까지가 일단 힘들고, 참 이상하게도 아무리 열심히 해도 별로 효과가 없는 것 같지요. 자칫하면 다음 날 근육통도 오고요.

그에 반해서 술은 마시면 곧바로 기분이 좋아집니다. 술을 구하기도 어렵지 않지요. 담배도 비슷합니다. 운동은 멀고 느리지만 술과 담배는 가깝고 빠릅니다. 술을 마시거나 담배를 피우면 뇌에서는 도파민이라는 신경 전달 물질이 확 분비됩니다. 기분이 좋아지는 쾌락 중추가 자극이 되지요. 그러면 보상 회로라는 시스템에서는 더 기분이 좋아지기를 강력히 바랍니다. 더 큰 보상을 원하는 것이죠. 그래서 한 잔 더 마시고, 한 모금 더 피우게 되지요.

한편 니코틴은 몸에 들어가면 집중력을 바짝 높여 주는 부수적 효과도 있습니다. 그것 때문에 몇 번 피우다 보면, 나중에는 담배를 일정 시간 피우지 않았을 때 뇌가 힘들어합니다. 불안해지고 멍해지고 안절부절못하게 되지요. 담배를 다시 피워야만 비로소 그 불안이 없어져요. 이런 상태가 되면 우리는 담배에 중독되었다고 말합니다.

술과 담배는 빠르게 보상을 준다는 면에서 손쉽게, 그리고 일시적으로 스트레스를 줄여 주기는 해요. 술을 마시면 긴장이 풀어지고 말수가 적은 사람도 말을 많이 하게 되고 기분도 좋아지지요. 이런 보상을 주니까 금요일이 되면 왠지 일주일 동안 고생한 나에게 상을 주고 싶어지기도 합니다.

친구들과 어울려서 식사를 하면서 적당히 한두 잔 마시고 집에 가면 좋겠지만 그렇게 잘되지 않는 것이 문제입니다. 한 잔 더 마시면 좋겠고, 그러면 기분이 더 좋아질 것 같고, '정신 줄'을 놓을 때까지 마셔야 스트레스를 제대로 푼 것 같은 기분이 드는 방식으로 술 마시는 습관이 들어 버린 사람이 있습니다. 이런 경우 술은 스트레스를 해결해 주는 것이 아니라 도리어 마음과 몸이 망가질 위험에 빠트립니다.

과음을 한 다음 날은 기분이 어떨까요? 어젯밤의 기분 좋은 느낌이 아직 남은 채여서 여전히 기분이 좋을까요? 그 반대입니다. 어젯밤에 과음을 해서 평소보다 흥분한 상태였다면, 다음 날 오전에는 기분이 무척 안 좋을 수밖에 없습니다. 단지 숙취 때문만은 아닙니다. 도파민과 관련한 일이 벌어지기 때문입니다.

술을 마셔서 기분이 좋아지게 되면 뇌에서는 도파민이 다량 분출됩니다. 기분이 아주 좋지요. 쾌락 중추가 자극을 많이 받았으니까요. 문제는 도파민이 우리 뇌에 한없이 저장되어 있는 것이 아니라는 점입니다. 저장된 도파민이 간밤에 다 분비되어 버려서 고갈된 상태가 바로 다음 날 아침의 상태예요. 분비되는 도파민이 없으니 다음 날에는 기분이 좋아지려야 좋아질 수 없지요. 불쾌한 기분이 생깁니다. 그래서 오전에는 후회하는 마음, 죄책감이 들기도 하고, 식구들에게 짜증을 내게 되기도 해요. 그러다 오후가 되면서 서서히 도파민이 다시 차오르면 안정이 되지요. 그러니 과음을 하는 것은 몸에 썩 좋지 않습니다.

게임은 어떨까요? 술과 담배는 나쁜 물질이 내 몸 안에 들어오는 것이지만 게임은 그냥 행동일 뿐이니 좀 다를 것이라고 생각하는 사람이 많습니다. 그런데 지금까지 이루어진 연구를 둘러보면 게임을 하는 것도 충분히 도파민을 분비하고, 뇌의 보상 회로를 자극합니다. 즉 중독이 되는 것과 같은 결과를 가져올 수 있다고 알려져 있어요. 그러니 스트레스를 풀기 위해 좋아하는 게임을 하면 쉽게 자극이 되고, 기분이 엄청 좋아지고, 자꾸만 더 하고 싶어지지요. 적당한 시간 동안 게임을 하는 것은 나쁜 행동이 절대 아닙니다. 그렇지만 오직 게임만으로 스트레스를 해결하려는 것은 좋지 않아요. 그것은 또 다른 중독에 빠지는 일입니다.

그러니 빠르고 자극적인 즐거움으로 스트레스를 줄이려고 하기보다 조금 지루하고 시간이 걸리더라도 안정적인 즐거움을 느끼려고 노력하는 쪽으로 가야 합니다. 가족이나 친구들과 재미난 시간을 보내고 서로 친밀하게 연결되어 있다고 느끼는 것, 천천히 산책을 하는 것, 느린 리듬을 내 몸에 내재화하는 것, 이런 휴식의 방식을 열심히 찾아야 해요. 이런 것들이 내 생활 안에서 리듬감을 갖고 잘 작동하면 술이나 담배, 게임을 통해 짜릿한 즐거움으로 모든 스트레스를 단번에 없애려다 더 많은 것을 잃게 되는 악순환에 빠지지 않을 수 있어요.

아직 본격적으로 일을 하고 있지 않은 사람에게는 이런 이야기가 잘 실감이 나지 않을 수 있어요. 하지만 일을 시작하기 전에 누구나 꼭 알고 마음의 준비를 해 두어야 시행착오를 줄일 수 있습니다. 스트레스를 건강하게 풀면서 내 몸과 마음을 돌보는 연습을 조금씩 해 보세요.

일을 대하는 마음

저는 정신건강의학과 의사입니다. 사람의 병을 고치는 일을 한다는 점에서는 한 사람의 노동자지요. 여러분보다 몇십 년쯤 일에 대한 경험이 많은 사람으로서 마지막으로 몇 가지 제안을 드리고 싶은 것이 있습니다.

'알바'를 할 때에든 정식 취업을 한 뒤에든 이 일을 계속해야 할까 망설여질 때가 올 거예요. 결정하기 참 어려운 문제지요. 하고 싶은 일만 하면서 살 수 없는 것이 인생이더군요. 영 내키지 않아도 할 수 없이 해야 하는 경우도 있고, 또 하고 싶은 일이기는 한데 너무 보상이 적어서 지속하기 어려운 경우도 있어요.

저는 일에 대한 망설임이 생길 때 세 가지를 생각해 봅니다. 바로 '의미와 재미, 보상, 관계'입니다. 먼저 이 일이 재미있는지, 혹은 의미 있는 일인지 생각해 보는 것입니다. 내가 성장하는 데에 도움이 되는지, 혹은 재미있고 해 보고 싶은 일인지, 아니면 누군가를 도울 수 있거나 사회에 보탬이 되는 일인지 따져 보는 거예요.

두 번째는 보상입니다. 꼭 하고 싶은 일이 아니더라도 보상이 충분하다면 안 할 이유가 없지요. 일에 대한 보상은 매우 중요한 요소입니다.

세 번째는 관계입니다. 이 일을 하는 것이 내가 잘 아는 누군가에게 도움이 되거나, 그 사람과 좋은 관계를 유지하는 데 쓸모가 있다면, 혹은 '내가 이번에 도와주면 다음에 내가 힘들 때 상대가 나를 도와주겠지.' 하는 믿음이 있다면 긍정적으로 생각해 보는 것이지요.

이 세 가지 영역에서 한 가지라도 걸리면 그 일은 하는 편이 좋다고 생각합니다. 그렇게 내가 나를 설득하는 것이지요. 이 일은 재미있으니까, 보상이 충분하니까, 관계를 위해서, 하는 식으로요. 그러면 이 일을 계속할지 말지를 한결 편하게 선택할 수 있어요. 질질 끌려가듯이 하기 싫은 일을 하는 것보다는 내가 선택해서 하는 일이라고 적극적으로 생각을 바꾸는 것이 훨씬 건강한 마음가짐이니까요.

또 일을 할 때에는 특별한 사정이 없다면 최대한 기분 좋은 상태를 유지하려고 일부러라도 애를 쓰는 것이 좋아요. 기분이 안 좋으면 가뜩이나 안 좋은 상황이 더욱 안 좋게 느껴집니다. 본능적으로 불안해지고 스트레스를 받을 수 있어요. 이럴 때 그에 편승하기보다 기분 좋은 상태를 유지하려고 노력하면 비로소 중화되어 중립적인 기분 상태가 될 수 있어요. 쉽지는 않지만 노력해 볼 만하지요.

기분이 나쁘면 객관적인 태도를 유지하기 어려워요. 모든 것이 더욱 부정적으로 보일 수밖에 없습니다. 주변의 모든 것이 나를 힘들게 하는 것처럼 느껴지기 쉬워요. 적당한 스트레스는 즐기려고 하는 적극적 자세도 필요해요. 어느 정도 수준의 긴장은 나를 깨어 있게 해 주니까요.

일을 하다 보면 불가피하게 이런저런 트라우마도 만나게 될 거예요. 그럴 때를 대비해 트라우마가 나를 망가뜨리지 못할 것이라는 믿음도 필요해요. 나는 트라우마보다 강하니까요. 트라우마가 나를 넘어뜨릴 수는 있지만 나를 망가뜨리거나 부숴 버리지는 못해요. 넘어진 다음에 나는 다시 일어설 수 있어요. 외상 후 스트레스 장애만 있는 것이 아니라 '외상 후 성장'이란 것도 있고, 이런 성장이 더 많은 사람에게 일어나니까요.

여러분은 아직 인생의 4분의 1밖에 안 살아 봤어요. 그러니 어떤 상황이 닥치든 이미 다 산 사람처럼 '이번 생은 망했어.' 하고 단정하지 말았으면 해요. 인생은 100미터 달리기보다는 마라톤과 더 닮았어요. 재미없는 부분도 있고 힘든 코스도 나오지만 전체적으로 볼 때는 썩 괜찮을 수 있어요.

그러니 지금 힘든 부분으로 전체를 판단하기보다 마지막에 돌아보면서 "아, 완주했구나." 하는 뿌듯한 마음을 가질 수 있게 삶의 태도를 가꾸어 보세요. 이런 마음을 갖고 일을 시작한다면 쉽게 마음의 건강을 잃지 않을 것이라 믿습니다.

여덟 번째 당부
**노동과
경제학**

윤자영 (충남대학교 경제학과 조교수)

노동자도
기업을 알아야
합니다

사람들은 정말 일을 싫어할까?

평범한 노동자들은 퇴근 시간을 기다리며 일하고, 주말을 아쉬워하며 월요일을 맞이합니다. 우리는 일상을 노동과 여가로 크게 구분하고, 노동은 돈을 벌기 위해 싫어도 어쩔 수 없이 해야 하는 것으로 여기곤 하지요.

경제학자들도 비슷하게 생각해요. 보통 경제학자들은 사람들이 소비를 할 때 '효용'을 얻고, 노동을 할 때 '비효용'을 얻는다고 가정해요. 효용은 쉬운 말로 만족 혹은 행복이고, 비효용은 불만족 혹은 불행이에요. 그러니까 많은 경제학자가 노동은 본질적으로 노동자에게 만족이나 행복을 줄 수 없다고 가정하고 있는 셈이죠.

경제학자들은 왜 그렇게 생각하는 걸까요? 물론 다른 여러 활동과 마찬가지로 노동에는 시간이 들어갑니다. 모두에게 하루 24시간이 주어져 있으니 노동을 하는 동안 예를 들어 컴퓨터 게임을 포기해야 하는 기회비용이 뒤따르지요.

그런데 어떤 행위를 하는 데 다른 행위를 포기해야 하는 기회비용이 발생하는 것은 비단 노동만이 아니에요. 그렇다면 많은 경제학자는 왜 다른 행위들과 달리 유독 노동만을 문제 삼는 것일까요? 그냥 인간은 원래 일을 싫어하는 걸까요? 이에 대해 그간 많은 이유가 제시되었어요.

인간이란 원래 나태해서 노력해야 하는 일을 싫어하는 것일지도 모르지요. 또는 인간은 다른 사람에게 지배받기 싫어하는 성향이 있어서 노동을 싫어할 수도 있겠지요. 아니면 인간은 같은 일을 단순 반복하는 지루함을 싫어해서 노동을 싫어할 수도 있어요. 그런데 제가 보기에는 이 가운데 어떤 것도 인간의 본성과 노동 그 자체의 성격을 올바르게 설명하고 있지 않아요.

인간은 원래 나태하기 때문에 노동을 싫어할까요? 많은 사람이 스포츠를 기꺼이 즐기는 것을 보면 그렇지 않은 것 같아요. 하루가 꼬박 걸리는 암벽 등반을 했던 경험을 두고서 그때가 '즐거웠다'고 생각하는 사람도 있어요. 아무리 고된 일이라 하더라도, 생애 처음으로 장만한 내 집을 꾸미는 일이라면 흥얼거리면서 하게 되지요. 자식을 키우는 일은 육체적으로 감정적으로 가장 힘든 일 가운데 하나지만 "내 생애 가장 잘한 일은 자식을 낳아 키운 일이다." 하고 말하는 부모들도 있습니다.

인간은 권위에 종속되기 싫어하기 때문에 노동을 싫어할까요? 직장에서는 상사의 지시와 감독을 받기 싫어하는 사람도, 사회인 야구팀에 참여할 때는 코치의 지휘에 따라 연습과 게임을 하며 만족감을 얻습니다. 그러니 권위에 종속되기 싫어하는 것이 인간의 본성이라는 것도 절대적으로 맞는 말은 아닌 것 같네요.

인간은 똑같은 일을 반복하기 싫어하기 때문에 노동을 싫어할 것이라는 말에도 전적으로 수긍이 가지는 않습니다. 노동이 항상 반복적인 일로만 이루어지지는 않으니까요.

이렇게 하나씩 따져 보면 인간이 노동을 싫어한다는 가정은 문제가 많아요. 사실 노동에는 사람들이 긍정적인 경험을 하고 성장할 수 있는 기회를 주는 좋은 측면이 있어요. 또 사람들은 일하는 과정에서나 작업장에서 다른 사람들과 관계를 맺으면서 만족을 얻곤 하지요. 존경, 동료애, 일에 대한 긍지, 쓸모 있는 인간이라는 자긍심 등은 노동을 통해 얻을 수 있는 것들이에요. 이렇게 보면 노동은 본질적으로 재미없고 억압적인 것도 아니고, 본질적으로 가치 있고 즐겁고 인간을 해방시키는 것도 아닙니다.

따라서 노동이 불만족스럽고 재미없다면 노동은 원래 그렇다기보다는 '어떤 유형'의 노동이 그렇다고 말해야 할 것 같아요. 사실 사람은 누구를 위해서 노동을 하느냐 그리고 노동이 어떻게 조직되는가에 따라 노동에 대해 다르게 느낄 수 있습니다. 즉 사람들이 노동에 대해 갖는 태도와 생각은 생산이 어떻게 조직되는지, 생산 과정을 누가 통제하는지, 그리고 생산을 통해 얻은 이득을 어떻게 나누게 되는지에 달려 있어요.

그런데 우리는 지금 자본주의 경제 아래에서 살고 있어요. 자본주의 경제에서는 가정에서 아이를 키우는 일과 집안일을 제외한 거의 모든 노동이 '기업'이라는 조직에서 이루어집니다. 따라서 노동을 이해하려면 기업을 먼저 이해할 필요가 있어요.

기업은 수직적인 조직

자본주의는 어려운 말로 '자본재(기계나 원자재)를 소유한 고용주가 임금 노동자를 고용해 이윤을 목적으로 상품을 생산하는 경제 체제'라고 합니다. 이 자본주의 경제는 기업과 시장으로 이루어집니다. 시장은 돈을 들고 가서 물건을 사는 곳, 즉 상품과 화폐가 서로 교환되는 장소지요. 시장에서 일어나는 교환은 대부분 자발적이에요. 사는 사람이나 파는 사람이나, 같은 위치에서 자유의지를 가지고 시장에 참여하지요.

반면 기업 안에서 자본가와 노동자는 그렇게 동등하지 않아요. 기업은 명령과 지배라는 특성을 갖고 있지요. 상명하복, 즉 위에서 아래로 권력이 행사되는 조직이에요. 명령을 하는 사람이 있고 그 명령에 따르는 사람이 있지요.

보통 회사를 보면 사장이 맨 위에 있고 그 밑으로 부장, 차장 등이 있어요. 그렇게 해서 가장 아래의 실제 현장 노동자로 이어지는 위계의 사슬이 만들어지지요. 현장 노동자의 바로 위에는 업무 하나하나를 세세하게 지시하는 감독관이나 작업반장이 있어요. 이들은 고용주와 노동자 사이에 있는 관리자들로, 주된 업무는 노동자가 가능한 열심히 일하도록 하는 일이에요. 이것을 관리 혹은 경영이라 하지요.

기업에서 사람들은 지시 사항을 서로 주고받아요. 고용주는 노동자에게 업무 지시를 내리고, 노동자는 지시받은 업무를 성실하게 수행해야 합니다. 이렇게 고용주와 노동자의 관계는 수직적입니다. 서로 대등하지 않아요.

노동은 '사람'이 매개하는 일

기업에서는 왜 이렇게 수직적으로 일할까요? 이유는 간단합니다. 가능한 한 많은 이윤을 얻으려면 노동자들에게서 최대한의 노동 서비스를 끌어내야 하기 때문입니다. 이를 좀 더 자세히 살펴볼까요?

자, 고용주와 노동자는 서로 시간당 얼마만큼 일하고 얼마만큼 임금을 주기로 약속합니다. 근로 계약을 맺지요. 그러고 나면 고용주는 노동자가 그 임금을 받는 만큼 열심히 일할 것이라고 기대하죠. 시장에서 물건을 사고파는 것처럼, 내가 지불한 만큼의 값어치에 해당하는 노동 서비스를 정확하게 건네받을 수 있기를 희망하는 겁니다.

이렇게만 생각하면 노동은 고용주가 생산 과정에 투입하는 '사람이 아닌' 요소들, 즉 토지, 자본재, 원료 등과 별반 다를 것이 없어 보여요. 그러나 노동에는 이들과 결정적으로 다른 점이 있어요. 노동이 아닌 것들은 위계적 권력 관계를 동원하지 않아도 아무런 저항 없이 예측한 대로 생산해 냅니다. 고용주가 새로운 기계를 구입하면 이 기계에서 어느 정도의 산출이 나오는지 정확히 예측할 수 있지요. 또 고용주가 명령을 내릴 때 기계는 아무런 저항을 하지 않아요. 토지나 자본재는 고용주와 갈등하거나 대립하면서 자신의 목소리를 내지 않아요.

하지만 노동은 달라요. 살아 숨 쉬고 느끼고 생각하는 인간이 움직여야 비로소 고용주는 생산 과정에 노동을 투입할 수 있어요. 그리고 노동자에게는 자기 목소리가 있고, 부당한 요구를 받으면 때로 저항하지요.

그런데 그냥 경제 논리로만 보면 노동자에게는 열심히 일해야 할 동기가 별로 없어요. 열심히 하든 적당히 하든 월급은 똑같으니까요. 그래서 기업에서는 조직을 위계적으로 만들어서 노동자들이 열심히 일하도록 만드는 것이지요.

노동자가 원하는 것, 고용주가 원하는 것

노동자와 고용주 사이에 갈등이 생기는 것도 이 때문이에요. 자본주의 기업에서 노동자와 고용주는 생산 과정에서 차지하는 지위가 서로 다릅니다. 노동자는 상품을 생산하는 데 필요한 노동을 제공하는 대가로 임금을 받아요. 반면 고용주는 생산된 상품을 팔 권리를 갖습니다. 여기서 나온 이윤, 즉 상품을 판매하고 받은 돈에서 생산 비용을 제한 것 역시 고용주가 갖지요.

임금 말고는 이윤을 가질 수 없는 노동자는 무엇을 원하게 될까요? 대부분 일이 극도로 힘들지 않으면서 임금은 높고 기왕이면 일이 재미있었으면 할 거예요. 반면 고용주가 원하는 것은? 이윤을 극대화하는 것이죠. 고용주는 생산 과정을 통제하고 노동 과정을 조직해서 노동자에게서 가능한 더 많은 노동 서비스를 추출해 내려고 합니다.

고용주 입장에서 보면 노동 서비스를 '추출'하는 것은 정말 중요한 일이에요. 근로 계약서를 썼다고 해서 노동자들이 무조건 최고로 열심히 일한다는 보장은 없거든요. 고용주는 같은 임금을 주고 가능한 한 많은 양의 노동 서비스를 추출하려 하지만 노동자는 가능한 한 적은 양의 노동 서비스를 제공하려고 할 거예요. 노동 서비스를 많이 추출해 낸다는 것은 그만큼 노동 강도가 세진다는 것을 의미하니까요. 그러니 노동 서비스 추출을 둘러싸고 노동자와 고용주는 대립하고 갈등하게 되지요.

이 갈등을 좀 더 자세히 살펴보겠습니다.

갈등의 이유

자본주의 기업에서 고용주가 노동을 통해 이윤을 늘릴 수 있는 방법에는 무엇이 있을까요? 크게 세 가지가 있습니다.

1. 시간당 임금을 적게 준다.
2. 노동 강도를 높인다.
3. 노동 효율성을 높일 수 있는 방법을 찾는다.

이 세 가지 방법 가운데 첫 번째와 두 번째, 즉 임금과 노동 강도를 둘러싸고 고용주와 노동자들은 첨예하게 대립하지요. 고용주들은 임금을 낮추고 노동 강도를 높이려고 하겠지만, 노동자들은 반대로 임금을 높이고 노동 강도를 낮춰 달라고 요구할 거예요. 그렇다면 임금과 노동 강도는 어떻게 결정될까요?

기본적으로는 협상력에 달려 있습니다. 회사에 노동자를 대표하는 노동조합이 있으면 고용주와 노동조합은 단체 교섭이라고 불리는 협상을 하지요. 그런데 단체 교섭에서 임금과 노동 강도가 어느 쪽에 유리하게 결정될지는 꼭 누가 더 힘이 센가에 달려 있지는 않아요. 기업을 넘어서는 수없이 많은 요인이 영향을 미치거든요.

먼저 임금을 보면 고용주라고 해서 자기 마음대로 임금 수준을 결정할 수는 없어요. 아무리 회사 형편이 어려워도 고용주가 제시하는 임금이 너무 적으면 기업은 노동자들을 채용하거나 유지할 수 없기 때문이에요. 마찬가지로 노동조합이 아무리 힘이 세도 무조건 임금을 많이 요구할 수는 없어요. 임금 수준을 너무 높게 요구하면 기업의 이윤이 줄어들고 영업 활동의 동력을 잃어 버려서 고용주들은 노동자를 고용하려 하지 않을 테니까요.

노동 강도도 협상할 수 있는데 이는 임금 협상과 약간 다릅니다. 임금 협상은 보통 1~2년 주기로 하지만, 노동 강도에 대한 협상은 수시로 할 수밖에 없지요. 게다가 이는 근로 계약을 통해 합의될 수도 없어요.

시간당 임금과 근로 시간은 계약서에 아주 정확하고 세세하게 담을 수 있어요. 특히 노동 시간은 분 단위까지 구체적으로 합의할 수 있고 휴식 시간이나 점심시간, 심한 경우에는 화장실에 다녀오는 시간까지도 합의할 수 있어요.

하지만 어떤 방법을 써도 고용주는 노동자들에게서 정확히 얼마만큼의 노동 서비스를 추출해 낼 수 있을지 확신할 수 없어요. 일을 하는 데에 갖고 있는 에너지를 남김없이 사용하는 노동자도 있지만 해고당하지 않을 정도로만 일하는 노동자도 있기 때문이지요. 고용주가 지불한 것은 제공받을 것이라고 믿는 노동 서비스에 대한 잠재적인 권리일 뿐 실제로 노동자가 얼마나 열심히 일할 것인지는 계약서에 구체적으로 적혀 있지 않습니다.

고용주는 누구라도 노동자들이 실제로 열심히 일해 주기를 원할 테지만 앞서 말했듯 노동자들은 이 상황을 다른 방식으로 이해할 가능성이 높지요. 근로 계약서에 쓰여 있는 임금에 대해 어느 정도의 노동 서비스를 제공할지, 즉 얼마나 열심히 일할지는 노동자에 따라, 상황에 따라 달라집니다. 특히 노동자들이 그 일을 좋아하는지 혹은 싫어하는지에 따라 크게 달라질 거예요.

그러니 고용주는 노동자들이 열심히 일하게 하려고 갖은 방법을 강구할 거예요. 노동자와 고용주 간에 머리싸움이 치열한 이유지요. 노동 서비스의 추출을 둘러싼 이 갈등은 고용주의 영원한 숙제라고 할 수 있어요.

그럼 고용주는 왜 노동자가 실제로 제공할 노동이 아니라 잠재적 노동량으로 계약을 해서 이런 갈등을 불러올까요? 근로 계약서에 노동 서비스를 하나하나 적는 것이 어렵기 때문이에요.

실제 제공받을 노동 서비스로 임금을 주려면 고용주는 노동자들이 맡게 될 업무의 구체적인 사항 하나하나를 계약서에 적어 놓고 그것들이 완벽하게 수행되었는지 조사한 후에 임금을 주어야 할 겁니다. 하지만 그렇게 계약서를 쓰려면 엄청나게 긴 문서가 필요할 거예요. 아무리 자세히 작성한다 해도 노동자들이 할 일을 모두 다 담을 수는 없는 데다 근로 계약서를 작성하는 자체에 엄

청난 비용이 들게 됩니다. 1명의 노동자를 입사시키고 나서 근로 계약서를 작성하는 데만 며칠이 걸릴지도 모르지요. 그마저도 완벽하게 적었는지는 노동자가 일을 시작하기 전까지는 알 수 없어요. 일이란 것이 하다 보면 또 생각지 못했던 것이 나타나기도 하니까요.

또 설령 그렇게 적는 것이 가능하다 하더라도, 노동자가 정말로 그 일을 완벽하게 했는지 평가하기란 애초에 불가능해요. 과연 한 사람의 노동자가 얼마만큼 생산에 기여했는지 알아낼 수 있을까요? 오늘날 기업의 생산 과정은 매우 복잡하게 짜여 있고 노동자들은 서로 협력해서 일하기 때문에 한 사람의 기여를 다른 사람의 기여와 완전히 분리하는 것은 거의 불가능합니다. 그것이 가능하다면, 기업에서 명령과 지배를 할 필요가 하나도 없을 거예요. 노동자가 하는 일을 감시할 관리자를 별도로 두느라 쓸데없이 돈을 낭비할 필요도 없겠지요.

노동자는 게으르지 않아

만약 노동자들이 생산에 필요한 원료와 자본재를 소유하게 된다면, 즉 고용주가 된다면 어떻게 될까요? 노동자들은 이제 다른 누군가가 아니라 자기 자신을 위해 일하겠지요. 자영업자가 되는 것이죠. 창업을 해서 내 가게를 차리고자 하는 욕구는 바로 내 노동의 산물을 내가 온전히 차지하고 싶은 데에서 비롯되는 것이랍니다. 열심히 일했는데 생산한 전체의 일부만 임금으로 받는 것은 왠지 억울할 수 있지요.

자영업자가 되는 대신 노동자가 소유하는 기업을 만들 수도 있어요. 자본주의 경제에서도 이런 기업이 존재할 수 있지요. 노동자 소유 기업은 생산물과 이윤이 노동자에게 돌아가지요. 이럴 경우 노동자들은 좀 더 열심히 일할 동기가 생길 거예요. 또 동료들이 열심히 일하도록 관심을 기울일 거예요.

사람들이 타인이 아니라 자기 자신을 위해 일하며 그 노동의 성과를 누릴 수 있을 때, 그냥 임금을 받을 때보다 더 열심히 일한다는 것은 여러 연구에서 밝혀졌습니다. 하지만 노동자들 대부분은 자영업자도 아니고 노동자 소유 기업에서 일하지도 않아요. 대체로 고용주를 위해 일하며 임금을 받지요. 기업에서 노동자들이 열심히 일할 동기가 적다면 바로 이 때문이에요. 즉 노동의 성과가 자신들의 차지가 되지 않기 때문이지 본래 노동자들이 게으르거나 노동을 싫어해서가 아니랍니다.

좀 더 인간적으로 일하기

기업에서 고용주와 노동자의 힘겨루기는 불가피해요. 때로는 갈등이 해소되지 않은 채, 노동자가 열악한 노동 조건에 시달리거나 기업이 성과를 내지 못하고 시장에서 퇴출되는 경우도 있지요. 대안적인 기업이 있다면, 갈등과 대립 대신 협조적 공생이 가능할지도 모르겠어요.

민주적 기업은 대안이 될 수 있을 거예요. 민주적 기업은 노동자들이 소유하고 노동자들이 뽑은 경영자가 운영합니다. 또 모든 노동자가 투표권을 갖고 대표를 뽑지요. 사람들은 민주적 기업이 모든 직원에게 기업 운영에 동등하게 참여할 권리를 준다는 점에서 선호하지요. 이는 정치적인 이유라고 할 수 있어요. 그럼 경제적인 측면에서도 민주적 기업은 경쟁력이 있을까요? 노동자가 기업을 소유하면 일하는 동기가 근본적으로 달라진다는 점에서 분명 경쟁력이 있습니다. 노동자들이 기업의 소유주가 되면 노동을 가장 효율적으로 조직할 수 있는 방식을 스스로 생각해 낼 거예요.

하지만 현실에서 이런 기업을 설립하기가 쉽지는 않습니다. 노동자들은 대체로 기업을 세울 만큼 재산이 많지 않아요. 있는 재산을 다 투자했다가 기업이 망하면 일자리만 잃는 것이 아니라 빈털터리가 되기 때문에 섣불리 나서기 어렵지요.

그러니 우리는 좀 더 좋은 기업을 만들어 나가야 해요. 노동자는 좀 더 즐겁게 일하고 일한 만큼 보상을 받는 기업, 고용주는 기업가 정신을 발휘해 시장에 새로운 가치를 창조할 수 있는 기업을 만들어 가야지요. 우리가 현재 경험하는 노동의 의미나 가치, 일하는 방식은, 옛날에 그랬듯이 지금도 그렇고 앞으로 그러할 그 무엇이 아니랍니다. 다시 말해 고정되어 있는 것이 아니에요. 고용주와 노동자가 협조하고 공생할 수 있도록 다 같이 노력해야 하는 이유입니다.

일을 하지 못하는 것은 현대 사회에서는 아주 심각한 문제일 수 있어요. 20세기 영국의 경제학자 조앤 로빈슨은 "자본가에게 착취당하는 것보다 더 나쁜 것은 착취조차 당하지 못하는 것일 수 있다."라고 말한 적이 있어요. 이 말처럼 오늘날 한 개인에게 일자리를 잃는다는 것은 단지 돈을 못 버는 것만을 의미하지 않아요. 때로는 죽음, 가정 불화, 불안을 가져오는 큰 재난이 되기도 하지요. 이렇게 중요한 노동이 기왕이면 노동자에게 즐거움을 가져다주면 좋겠지요? 노동자들이 좀 더 인간적으로 즐겁게 일할 수 있는 기업을 모두 함께 만들어 가야 합니다.

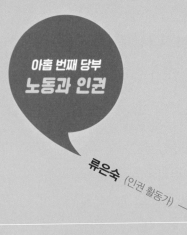

아홉 번째 당부
노동과 인권

류은숙 (인권 활동가)

인권은
트로피가
아니에요

일을 나누는 이분법들

천한 일과 귀한 일, 몸을 써서 하는 일과 정신을 써서 하는 일, 지시하고 구상하는 일과 시키는 대로만 하는 일, 남자가 할 일과 여자가 할 일…….

우리 주변에는 이렇게 일을 나누는 숱한 이분법의 쌍이 있습니다. 사람들은 서로 다르고 각자가 하는 일도 무척 복잡하고 다양한데 그런 일들을 겨우 두 가지로 쪼개는 것이 가능할까요? 그냥 둘로 가를 뿐 아니라 어느 한쪽을 높이 취급하면서 다른 한쪽을 무시하는 것이 과연 옳은 걸까요? 이런 이분법은 각 사람에게 잠재된 가능성을 닫아요. 그저 지금 있는 데에 머물고, 하던 대로 굴러갈 것을 고집하게 만들지요.

누군가가 하는 일이 임금이나 처우 등에서 열악하다고 해서 그 일이 천한 일이 되거나 그 사람이 천한 사람이 될 수는 없어요. 누구나의 삶에 꼭 필요한 일을 하고 있는데도 그런 대접을 받는다면 부당한 대우를 받고 있는 것이지요. 반대로 높은 임금과 대우를 받는다고 해서 그 자체로 사회에 유익한 일을 한다고 곧장 판단할 수는 없어요. 여러 사람과 사회를 해치면서 큰돈을 버는 사람의 예는 많아요. 그러니 미리 어떤 일의 '귀천'을 따지는 것은 잘못된 것입니다. 우리는 그저 구체적인 행위와 결과를 놓고 칭찬할 것과 비난할 것을 구분할 수 있을 뿐이에요.

또한 사람이 일을 할 때 몸과 정신이 따로 노는 일은 있을 수 없어요. 사장이나 상사가 아무리 완벽하게 지시를 내린다고 해도, 정작 일을 하는 사람이 자신의 구상과 실천을 종합해 정성스럽게 하지 않으면 일이 뜻대로 되지는 않아요. 즉 몸을 써서 하는 일과 정신을 써서 하는 일은 애초에 딱 나누어지지 않습니다. 그러니 이른바 정신노동이 육체노동보다 더 귀하다 할 수 없지요.

여자가 할 일과 남자가 할 일이 따로 있다는 생각은 또 어떤가요? 이런 생각을 하는 사람들은 대체로 여자들이 많이 하는 가사, 간병, 육아 같은 돌봄 노동을 공짜로 얻으려 들어요. 삶에 필수적인 노동인데도 그러지요. 또 그런 노동이 보수를 받는 직업이 되더라도 헐값으로 대우하려는 핑계로 삼습니다.

이렇게 문제가 많은데 왜 사람들은 일에 대해 여러 가지 이분법을 고수할까요? 그런 사람들의 의도는 '천하다고 무시하면 헐값에 저 사람의 노동을 취할 수 있다'는 데에 있습니다. 뒤집어 말하면 '헐값의 노동을 하는 사람이니 함부로 무시해도 된다'는 악순환을 만들려는 겁니다. 노동자가 이런 이분법의 잣대를 갖게 되면 스스로 권리를 축소하게 됩니다. '나 같은 사람이 무슨 권리…….'라고 위축되면 부당해도 그저 참게 되고 권리를 사치라 여기게 되지요. 또 사용자가 이분법의 잣대를 가지고 있으면, 노동자를 맘대로 조종할 수 있는 인형처럼 여기게 돼요.

이분법적 세계관은 노동자가 사회 속에서 정당한 자리를 인정받을 권리를 침해합니다. 특정한 사람들과 특정한 노동을 '비천'하다고 정함으로써 그들의 자리를 불안하게 만들고, 그 불안을 이용해 그들이 권리를 쓸모없다고 여겨서 주장하지 못하게 만들려는 거예요.

따라서 노동자가 자기 권리를 알고 주장하려면, 이분법적 세계관에서 자유로워져야 해요. 세상에 타인과 사회에 해를 끼치는 '나쁜' 일은 있을 수 있지만, '천한' 노동은 있을 수 없습니다. 노동자는 타인과 사회에 보탬이 되는 일을 하는 거예요. 누가 뭐래도 세상을 유지하고 굴러가게 하고 또 세상에 뭔가를 새로 보태는 인간의 활동이 노동입니다. 그런 일을 하는 사람이 노동자입니다. 한마디로 노동자는 세상을 만들고 유지하는 존재입니다. 이분법적 세계관은 노동자에게서 이런 자부심을 빼앗아 갑니다.

영혼을 빼놓고 일할 수 있을까?

"아, 저는 그런 거창한 목적이 있는 게 아니라 그저 제가 먹고살려고 일하는 건데요."

이렇게 말하는 분들이 많습니다. 맞아요. '생계비를 벌기 위해서'라는 목적은 사람들이 일을 하는 이유 중 하나지요. 그게 뭐 잘못된 건가요? 사람들이 노동을 폄하하는 데는 이중 의식이 깔려 있습니다. 한편으로는 '돈이면 다 된다'는 배금주의를 비판하면서도 동시에 부를 동경하는 것입니다. 그래서 노동 외의 다른 수단, 예를 들어 상속, 부동산 투기, 재테크 등에 의한 부의 축적에 대해서는 별말 못 하면서, 노동으로 돈을 버는 사람을 유난히 깎아내리는 경향이 있습니다.

이런 경향은 돈을 받았으니까 또는 돈을 벌기 위해서라면 뭐든 참아 내라는 강요로 이어집니다. 직장에서 폭언이나 폭행, 성폭력 등을 당했다 해도 "월급 받잖아." 하고 그냥 넘기려는 태도가 있습니다. 하지만 노동자는 돈을 받고 정당한 노동을 제공하면 될 뿐, 월급 속에 인격과 권리를 포기하는 것까지 포함되어 있지는 않습니다.

사람들이 일하는 목적은 다양합니다. 생계비를 벌기 위해서, 뭔가 만들어 내는 기쁨을 위해서, 타인과 사회에 기여하기 위해서 등 갖은 이유로 일을 합니다. 어쩔 수 없이 떠밀려서 일하기도 하고,

소속감을 느끼고 싶거나 존재를 증명하고 싶어서 일을 찾기도 합니다. 이런 목적들에 우위나 위계는 없습니다. 저마다 일에서 처한 사정과 상황이 다를 뿐입니다.

다만 누가 어떤 목적으로 일을 하건 간에, 공통의 바탕 위에서 노동이 이루어져야 합니다. 그것은 바로 인간 존엄성에 대한 존중입니다. 일하는 사람의 인격은 존중받아야 해요. 사람이 하는 일에서 그 사람의 인격은 분리될 수가 없어요. 필요에 따라 뺐다 끼웠다 할 수 없는 것이 인격이고 존엄성입니다. 다른 기계나 부품은 뺐다 끼웠다 할 수 있겠지만, 노동자의 인격은 한순간도 그럴 수 없어요.

사람들은 가끔 "영혼을 빼놓고 일을 한다."라는 식의 말을 하지요. 그 말은 그저 정신적·신체적 힘을 죄다 쏟아 내야 할 만큼 일하기 힘들다는 뜻일 뿐이에요. 노동자가 정말 '마음·정신·감정' 같은 것을 빼놓는다면 일이 될 수가 없어요. 나의 마음·정신·감정은 내가 일을 하는 내내 나와 같이 있는 겁니다.

노동자를 고용하고 일을 시키는 사람, 즉 자본가나 고용주 같은 사용자들도 이 점을 잘 알고 있어요. 그들은 '영혼 없는 노동'을 질타하거든요. 시키는 대로 시늉만 하는 노동으로는 그들이 원하는 성과나 이윤이 날 수 없기 때문이에요. 노동이 제대로 수행되려면 노동자가 자신의 '어떤 것'을 총동원해야 해요. 일에 대한 생각과 판단, 정성, 동료와 일에 대한 애정, 사회적 양심, 책임감 등등 이루 다 말할 수 없는 것들이 포함돼요. 이런 것이 우러나는 노동은 노동자의 인격을 담은 것일 수밖에 없어요.

그런데 노동의 성과를 위해 노동자의 인격을 떠올릴 수밖에 없으면서도, 사용자들은 때로 노동자를 일회용 컵처럼 취급해요. 한편으로는 노동자의 모든 것이 담긴 노동의 결과물을 요구하면서, 다른 한편으로는 정작 노동자의 인격을 존중하지 않고 물건처럼 다루는 모순인 거죠. 우리가 노동자의 인권, 노동권을 생각해야 하는 이유가 여기에 있어요.

종속과 자유 사이에서 줄타기

세상에는 숱한 관계가 있어요. 가족·연인·친구·동료 등 사람은 관계 속에서 살아가는 존재죠. 적대적이거나 우호적이거나 끈끈하거나 사이가 멀거나, 관계의 성격은 다양하더라도 관계라는 것은 어디까지나 상호적이에요. 상대방을 나와 '같은' 사람, 나와 '같은' 인격을 가진 존재라 인정해야 관계가 성립한다는 말이에요. 상대방을 폭력으로 위협하거나 자기 맘대로 조종하는 것을 아무렇지 않게 여기면 그건 사랑의 관계라고 볼 수 없어요. 친구라면서 명령하고 복종하는 관계는 우정의 관계라고 볼 수 없어요. 인권은 '평등하고 자유로운 관계'를 함께 살아갈 수 있는 사회의 기초로 삼는 원칙입니다. 평등하고 자유로운 관계가 아니면 지배나 억압의 관계가 되고, 그렇게 되면 관계의 속성이 일그러지게 돼요.

그런데 노동관계는 어떤가요? 과연 '평등하고 자유로운 관계'가 만들어지고 있나요? 누구나 사람으로서 존엄성이 있고 인권이 있지만, 일을 하게 되면 존엄성을 시험받게 돼요. 노동자들은 "간이고 쓸개고 다 빼놓고 일해야 한다."라는 말을 자주 들어요. 출근할 때 '자존감'은 빼놓고 나갔다가 퇴근할 때 다시 넣으라고도 해요. "출근하는 것이 무섭다."라고 말하는 사람도 많아요. 왜 노동자들은 이런 말을 주고받을까요?

노동관계에 들어서면 노동자는 '종속'되고 노동력을 사고팔게 됩니다. 노동 계약을 맺으면 사용자는 지시권을 행사하고 노동자는 그 지시에 따라야 하는 위계적 관계가 돼요. 내 몸은 내 것이어야 하는데, 노동관계에서 노동자의 몸은 시간과 공간, 노동하는 자세와 방법 등에서 세세한 지배를 받아요. 성차별이 심한 경우에는 복장과 머리 스타일, 화장법까지 간섭받지요. 노동력의 한계를 벗어나 잠도 못 자고 휴식도 못 취하고 각종 재해 등 위험에 내몰릴 수도 있어요.

인격은 자유로워야 하는데, 이렇게 맘에 들지 않는 조건일지라도 당장 먹고살기 위해서는 받아들이지 않을 수 없어요. 이를 나의 자유로운 의사라고 하기에는 찜찜하지만, 일단 노동 계약을 맺으면 법은 그것을 자유로운 의사로 체결한 계약이라고 합니다. 계약이란 자유로운 존재 간에 맺을 수 있는 것인데, 자유로운 존재가 '종속'되겠다는 계약을 맺는 모순이 생기는 겁니다. 사용자에게 종속된 노동은 흔히 사서 쓰는 물건처럼 다루어지는데, 그 노동을 하는 노동자는 인격을 가진 존재예요. 여러모로 노동관계는 사람과 사물의 관계인지, 사람과 사람의 관계인지 혼란스럽습니다.

이런 혼란 속에서 노동자의 인격과 권리를 확인하고, 사용자가 노동자에게 행사하는 권력을 규제하려는 것이 노동권입니다. 자유와 종속 간의 줄타기는 균형 잡기가 아주 어렵습니다. 사용자의 권력이 선을 넘지 못하도록 하는 줄다리기는 늘 벅차고 숨차요. 이런 줄타기와 줄다리기가 노동권의 역사이며 지금도 계속되고 있습니다.

권리는 곧 관계

'노동자의 권리가 침해됐다.'

이 말의 의미는 무엇일까요? 돈을 충분히 벌지 못했다는 뜻일까요? 그래서 원하는 만큼 소비를 할 수 없다는 뜻일까요?

권리란 돈이나 물건 같은 것이 아닙니다. 권리란 약속입니다. 타인과의 관계에서 무엇을 할 수 있고 할 수 없는가를 정하는 제도적인 약속입니다. 권리가 없다면 우리의 사회적 관계는 무지막지한 '힘'에 좌지우지될 거예요. 권리라는 체계는 힘의 지배를 법과 정의의 지배로 바꾸고 그 구성원에게 동등한 지위를 보장하는 것입니다.

'권리는 관계'라는 점을 노동관계에 대입해 봅시다. 무엇보다 노동자는 인격체로 인정받는 관계를 맺을 수 있어야 해요. 항상 필요한 노동에 사람을 고용하면서 직접 고용하는 대신 파견 회사를 통해 '공급'받고, 일하는 기간을 제한하고, 아무 때나 해고하는 것은 관계 맺기를 거부하는 것입니다. 권리는 없고 '노동력'으로만 취급받는 불안정 비정규 노동자가 자꾸 생겨나면 안 되는 이유가 여기에 있습니다.

'권리는 관계'이기에 사용자의 권한은 무한대로 커지는 것이 아니라 상대방인 노동자와의 관계 속에서 제한돼야 합니다. 노동자의 인격을 침해하지 않는 한계 안에 있어야 해요. 예를 들어 사장의 종교를 강요한다거나 노동 시간을 고무줄처럼 늘린다거나 노동자의 통화 내용을 감시하는 것은 사용자의 권한이 될 수 없어요.

또한 노동관계 속에서 그 구성원이 인권을 누릴 동등한 지위가 훼손되지 않아야 합니다. 성별, 출신, 사상 등을 빌미로 노동자를 차별해서는 안 된다는 겁니다.

"우리 회사는 창사 이래 임신·출산한 여성을 계속 근무하게 한 일이 없어."

사용자는 이런 말을 해서는 안 됩니다. 이런 식으로 '관계'가 무너지고 훼손된 사태를 수습하고 관계의 상호성을 지키려는 것이 바로 노동자의 권리, 노동권입니다.

노동권은 바탕 화면 같은 것

노동자의 권리를 이야기하다 보면 비참하고 고통스러운 상황이 많이 등장합니다. 아무래도 노동의 기쁨과 보람보다는 고통을 더 먼저 이야기하게 되지요. 하지만 노동권은 노동자가 불쌍하거나 비참하기에 말하는 것이 아닙니다. 노동권은 사회 속에서 '노동자'라는 정체성을 갖는 사람들이 당연히 누려야 할 공통된 지위에 대한 것이에요. '인간이라면 누구나 다 귀하다'는 존엄성이 인간 공통의 지위이듯이, 노동권은 어떤 일을 하든 간에 노동자라면 누려야 할 공통의 지위에 관한 것입니다. 누가 뭐래도 노동자는 자신과 사회에 필수적이고 귀중한 것을 만들어 내고 제공하는 아름다운 사람들이니까요. 그런 노동자의 정당한 몫을 빼앗거나 정당한 지위를 무시한다면 잘못하는 것입니다. 노동자의 정당한 지위와 몫을 존중하는 것은 우리 사회를 지탱해 갈 관계의 원칙을 지키는 일입니다.

또한 노동권은 업적에 대한 보상이나 실력에 대한 상이 아닙니다. 노동권은 노동하는 사람 누구에게나 보장되어야 하는 기본권입니다.

"제가 공부를 못해서 그래요."

"제가 '스펙'이 모자라서 그래요."

청소년이나 청년 노동자 중에는 일하다 부당한 일을 당했을 때,

이런 식으로 자기 탓을 하는 경우가 있습니다. 이렇게 자책할 필요가 전혀 없습니다.

"왜 '스펙'을 더 쌓지 않았어?"

"왜 정규직 시험을 치르지 않았어?"

"왜 더 노력하지 않았어?'

이렇게 닦달하는 사람은 '괜찮은(decent) 일자리'를 개인의 성취나 업적이라 착각하고 있는 겁니다. 노동권은 성취나 업적에 대한 보상이 아니라 노동자 누구에게나 보장돼야 하는 기본 점수 같은 겁니다.

세상에서 흔히 높이 취급받는 재능은 이미 많은 상을 받아 왔어요. 타인의 인정도 듬뿍 받고 보상도 후하기 마련입니다. 그런 재능이 있는 사람은 대체로 좋은 교육을 받고, 크고 대우 좋은 데 취직하고, 높은 자리에 오르기도 합니다.

'왜 내가 똑같이 취급받아야 돼?'

'나는 뛰어나니까 더 나은 보상을 받아야 해.'

이렇게 생각할 수도 있습니다. 하지만 공부를 잘하는 능력은 해당 분야에서 더 상급의 공부를 할 수 있는 능력일 뿐, 모든 면에서 남보다 더 나은 대우를 받아야 할 이유는 되지 못해요. 또 대우 좋은 높은 자리에 올랐다면, 자기 역량에 걸맞은 대우와 권한을 갖게 되는 것이겠지요. 그것이 자기 말고 다른 노동자의 기본적인 노동권을 반대하는 이유는 될 수 없어요. 노동권은 높은 점수나 성취에 따른 보상이 아니니까요. 노동권은 노동자의 존엄성을 존중하기 위한 기본적인 장치이지, 높은 성취에 따르는 트로피가 아니에요. 공부를 잘했다고 주는 우등상 같은 것도 아닙니다. 노동권은 기본권이고 기본권이란 컴퓨터의 바탕 화면 같은 겁니다. 바탕 화면은 누구에게나 갖춰져야 해요. 그 위에서 각자의 개성을 드러내고 성취를 경연하는 겁니다.

노동하는 사람이라면 누구나 안심하고 안전한 조건에서 일할 수 있어야 하겠죠? 일하다가 다치거나 심지어 죽을 수 있는 상황에 내몰려서는 안 됩니다. 또 누구나 일을 했으면 인간답게 생활할 수준의 임금과 복지를 누릴 수 있어야 해요. 일을 하는데도 빈곤에 허덕여야 한다면 저임금이 문제인 것입니다. 정규직 시험을 보고 들어오지 않았다고 해서 위험한 환경에 내몰려야 하나요? 상시적인 일을 하면서도 불안한 계약직에 머물러야 하나요?

당연히 필요한 일이라 노동자를 고용하면서도 그 자리를 불안하게 만드는 것은 당연하지 않아요. 이것은 노력에 대한 정당한 보상이 아니라 차별이요, 부당한 징벌일 뿐입니다. 마치 '노동하는 것이 죄'라는 심정으로 몰아서 부당한 노동 조건을 벌처럼 감수하게 만들려는 것 같아요. 노동권은 이런 부당한 죄의식으로부터 탈출하고 해방되는 출발점입니다.

그럼 노동권은 어떻게 지켜 나갈 수 있을까요?

다 함께 지키는 자유

'내가 더 노력하면 돼.'

이런 식으로 개인적 차원에만 집중하면, 노동권은 실현되기 어려워요. 나 홀로 뛰어나서 높은 보상을 받는 경우가 더러 있을 수는 있습니다. 하지만 그런 성취가 노동자의 보편적인 지위를 강화하는 것은 아닙니다. 개인으로서 노동자는 이른바 '자유로운' 계약 관계에서 불리하기 그지없어요. "노동자의 인간다운 생활을 보장한다."라는 것이 국제 인권법이나 헌법의 기본 정신이지만, 그것이 온전히 지켜지지 않는 경우는 많습니다. 사용자는 노동자의 자유 따위는 아랑곳하지 않을 때가 많아요. 노동자는 부당하다고 느껴도 불이익이 무서워 참게 되고, 차별받고 있다고 느껴도 그것을 인식하면 할수록 자존감에 상처를 입으니까 그러려니 하거나 "나만 그런 게 아닌데 뭐." 하는 식으로 무시하게 됩니다.

출근은 '부자유'이고 퇴근해서야 비로소 '자유'라고 느끼지만, 어떤 노동자들에게는 퇴근 후의 생활도 온전히 내 몫은 아닙니다. 자기 계발의 압력, 계속되는 업무 지시와 확인 등으로 사회 전체가 공장이고 매장이고 사무실 같습니다. 너무 힘들 때는 소비로 울적함을 달래 보려 하지만 보상적 소비로 치달리면 더 많은 돈이 필요해지고 그 돈을 얻기 위해 더 많은 부자유로의 투신이 이어집니다.

또 어떤 노동자들은 몸도 가눌 수 없을 정도로 심한 과로를 해야 합니다. 이렇게 피곤한 생활은 그다음 노동을 위해 잠시 자고 씻는 시간만을 허용하고 사회적 관계를 만들거나 자기만의 뭔가를 누릴 여유를 주지 않습니다.

과거에는 노예제라는 것이 있었어요. 노예는 부자유한 존재입니다. 그런 노예의 처지를 가장 잘 드러내는 것은 노예를 위해 말해 줄 제삼자가 없다는 것이었습니다. 주인만 있고, 누구도 그의 편에서 말해 줄 사람이 없는 존재, 그것이 노예라는 존재입니다.

근대로 오면서 노예제는 사라지고 형식적으로 자유롭고 평등한 노동자가 나타났어요. 그런데 노동자는 형식상 자유롭게 계약 관계를 맺었다지만, 사실상 부자유한 종속 관계에 처하게 됐지요. 과연 누가 나를 위해 내 편에서 말해 줄까요? 나와 같은 처지의, 나와 같은 '노동자'라는 공통된 지위에 있는 사람들이 함께 말할 수는 없는 것일까요?

개별적으로는 해결하기 힘든 모순과 궁지를 벗어나기 위해 노동자는 '집단적 차원'에서 자유를 추구하는 길을 찾아왔습니다. 홀로는 말 못 할 것을 집단으로 표현함으로써 듣게 만드는 것이지요. 그럼으로써 공동으로 자유를 지키는 겁니다. 사용자의 권력을 제한함으로써 과도한 종속 관계에서 자유의 영역을 확장해 가는 것입니다. 한마디로 나를 위해 말해 줄, 서로를 위해 말해 줄 사람을 찾는 것입니다.

개인적인 자유가 손상되는 범위를 줄여 자유를 회복하기 위한 것이 노동법의 이념입니다. 노동관계에서 노동자가 자칫 잃어버릴 수 있는 자유를 집단적 권리로 보완하는 것입니다. 노동자에게는 헌법이 보장한 세 가지 권리가 있습니다. 단결권·단체 교섭권·단체 행동권으로 이 셋을 합쳐 보통 노동 3권이라고 부릅니다. 노동자의 존엄성을 지키기 위해 만들어진 노동 3권은 노동자가 집단으로 뭉쳐서 단체 교섭을 하고 파업 등의 단체 행동을 할 수 있도록 합니다. 만약 노동 3권이 없다면 사용자가 제시한 노동 조건이 아무리 불리하더라도 노동자가 대항할 수 없기 때문에 사용자는 노동자의 요구에 귀 기울이지 않을 거예요.

그런데 노동 3권에서 '할 수 있다'고 한 행위는 제대로 펼쳐지지 못할 때가 많아요. '할 수 있지만' 국가가 열심히 챙겨 주지도 않고, 개별 노동자들이 쉽사리 할 수 있는 일도 아니니까요. 노동권은 노동자들 스스로 애쓰고 힘써야 비로소 실현되는 권리입니다. 이 권리의 가능성을 알고 행동하는 것으로 노동자의 정체성이 만들어져 갑니다. 정체성이란 '자신이 누구인지'를 말해 주는 것입니다. 집단적 자유를 추구하는 속에서 노동자들은 공통된 지위로서 '노동자'임을 느끼게 됩니다. 이 정체성을 깨닫지 못하면, 노동자들은 아무리 많아도 집단적 자유의 주인공이 될 수 없어요.

한편 노동 3권에서도 소외받는 노동자들이 있어요. 크고 좋은 직장에는 대체로 노동조합이 있는데, 그렇지 않은 곳에서는 노조를 만나기 힘들어요. 불안정하고 취약한 노동일수록 노동 3권은 더 심한 제약을 받습니다. 이들의 편에서 말해 줄 수 있는 제삼자도 필요합니다. 그것은 취약한 노동자를 보호하는 사회법과 정책이고 국가의 개입이에요. 이런 제삼자의 역할을 세우는 것은 동료 시민들의 관심과 지지입니다. 노동자는 노동자인 동시에 시민입니다. 나와 같으면서도 다른 처지에 있는 노동자들의 상황에 관심을 가지는 것도 나의 중요한 책임입니다.

노동자에 대한 험담들

누군가에 대한 험담을 자주 듣게 되면, 사실인지와 상관없이 시간이 갈수록 그 사람이 정말 그 말처럼 여겨집니다. 안타깝게도 노동자들은 그런 험담에 자주 노출되어 왔어요. 어렸을 때 이런 말을 들은 적이 있을 겁니다.

"어른 말 안 들으면 저렇게 된다."

"공부 안 하면 저런 일 하게 된다."

누군가 손가락질을 하며 그런 말을 할 때 그 손가락은 누구를 향하고 있었나요? 아마 '노동하는 사람'이었을 겁니다. 참 이상하지요? 내가 먹는 밥, 내가 즐기는 음악, 드라마, 영화, 웹툰, 내가 쓰는 휴대폰과 컴퓨터, 이 모든 것에 깃들어 있는 게 노동인데, 왜 경멸하는 손가락질을 했을까요? 학교에서는 노동자의 권리에 대해 거의 가르치지 않습니다. 오히려 커 갈수록 뉴스를 통해 노동과 노동자에 대한 험담을 많이 듣게 됩니다. 노동자들이 권리를 주장하면 일부 권력자나 언론에서 '나라 경제 말아먹는 일' '집단 이기주의' '사회 불안 세력' 등등의 표현을 들이대며 공격하곤 합니다.

참 이상해요. 노동권은 국제 인권법이나 헌법에 보장된 권리인데 왜 그리 노동권을 미워하는 것일까요? 법을 잘 지키라면서 노동권은 왜 예외로 취급하는 걸까요? '선진국'이라는 나라들을 보면, 경제만 발전한 것이 아니라 노동자의 존엄성을 아끼거든요. 그런 건 왜 선진국을 닮으려 하지 않을까요?

어떤 사람들이 노동자와 노동권에 대해 험담을 늘어놓는 데에는 두 가지 이유가 있습니다. 첫째, 노동자라는 이름을 수치스럽게 여기도록 유도하는 겁니다. 이름은 얼굴과 같은 것이고 존중해야 하는 대상입니다. 노동자라는 사회적 이름을 부끄러워하면 노동권을 입에 올리기 어렵겠지요. 관계를 맺는다는 것은 상대방의 이름을 부르는 것이고, 내 이름을 당당히 여겨야 관계에서도 당당해질 수 있습니다.

우리는 취업을 했건 취업 준비 중이건, 원치 않는 실업 상태건, 어떤 규모의 사업장에서 일하건 간에 상관없이 노동자입니다. 건물, 토지, 공장 등을 소유하고 있지 않고, 노동 시장에 참여하여 노동력을 제공하고 그 대가로 살아가야 하니까요. 우리 사회 구성원 대부분은 노동자로 살아갑니다. 그런데 노동자라는 이름을 부끄

럽게 만들면, 노동자들 간에 서로를 구분하고 멀리하려는 경향이 생깁니다.

예를 들어 안정적인 직장을 유지하고 괜찮은 임금을 받으며 예측 가능한 생활을 유지할 수 있는 정규직, 또는 이분법에 따라 이른바 '고급'스러운 일을 하는 사람 중에는 노동자라는 이름을 좋아하지 않는 경우가 있습니다. 노동자를 자기들과는 '수준'이 다른 사람들로 여기기 때문이지요. 또 노동자의 상당수를 차지하는 저임금 노동자, 고용의 권리가 침해당할 위험이 큰 불안정 노동자, 영세 자영업자, 여성·청년 노동자 등 취약한 노동자들 중에도 자신이 노동자라 불리는 것을 썩 좋아하지 않는 경우가 많습니다. 노동자를 사회적 지위가 낮은 사람을 칭하는 말로 여겨서 노동자라 불리면 자기를 깔본다고 오해하는 겁니다.

이런 오해는 노동자라는 말에서 자긍심을 빼앗아 갑니다. 그럴수록 우리는 존중을 담아서 서로를 노동자라 힘주어 불러 줄 필요가 있습니다. 노동자라는 이름을 깎아내리고 편 가르기 하면 노동권을 위해 힘을 모으기가 어려워집니다. 노동자에 대한 험담은 우리 모두에 대한 험담이고 노동권에 대한 공격은 우리의 권리에 대한 공격입니다.

둘째, 험담하는 이유는 조종하기 쉽게 만들기 위해서입니다. 자기를 소중하게 여기지 않는 사람을 막 대하기는 쉽습니다. 자기를 하찮게 여기면 권리 같은 것을 떠올리지 않으니까요. 노동자는 그저 주는 대로 받고 시키는 대로 하는 사람이라고 굳어져 버리면 부조리한 것에 이의를 제기하고 따지는 사람이 '이상한' 사람이 되고, 노동권을 찾으려는 행위는 있는 대로, 하던 대로의 안정을 깨뜨리는 '불안한' 요소로 느껴지게 됩니다.

사람은 누구나 귀하니까

노동권을 포함한 모든 인권의 토대는 '누구나'의 '존엄성'입니다. 존엄하다는 것은 귀천을 가르는 생각, 다른 말로 하면 남과 비교하여 윗자리를 차지할수록 귀하다는 생각과는 완전히 다릅니다. 인류 역사 대부분은 존엄을 그런 식으로 생각해 왔습니다. 인권 사상은 이를 뒤바꾸었습니다. 위치나 지위의 단계를 정해 놓고 귀하고 천함을 나누는 것이 아니라, 사람이라는 이유만으로 누구나 귀하다는 것입니다.

존엄성은 인간이 공통으로 누리는 지위입니다. 존엄하다는 것은 누구와 비교하여 더 뛰어나거나 잘났다는 의미가 아닙니다. 사람은 누구나 비교 불가능한, 저마다의 '고유성'을 갖는 존재입니다. 나는 고유하기에 타자와 구별됩니다. 나와 같은 사람은 이 세상에 없었고 앞으로도 없을 것입니다. 고유하기에 존엄한 모든 사람은 자기 삶의 '저자'입니다. 자기 삶의 이야기를 잘 쓰도록 서로 돕고 지원할 수는 있어도 이렇게 써라, 저렇게 써라 함부로 간섭할 수는 없습니다. 노동자의 존엄성도 마찬가지입니다. 노동자 간의 차이는 하는 일의 차이이지, 귀천과 위계가 아닙니다.

존중받는 사람이라야 타인을 존중할 수 있습니다. 마찬가지로 존중받는 노동자라야 사회 속 타인들에 대해 책임감을 갖고 일할 수 있습니다. 흔히 권리와 책임은 동전의 양면이라고 합니다. 어떤 사람들은 이 말을 곡해하여 '책임 의식은 없으면서 권리만 주장하려 든다'는 애꿎은 공격의 빌미로 삼곤 합니다.

동전의 양면은 다르게 해석해야 합니다. 즉, 권리가 없는 사람에게는 책임을 물을 수 없다는 것입니다. 책임은 권한이 있는 사람이 져야 합니다. 위험한 작업을 지시받아도 '따를 수 없다'고 말할 수 없는 노동자에게 책임을 물을 수는 없습니다. 어떤 어른들은 청소년이나 청년의 노동을 '잠시 벌이' '용돈 벌이'라고 깎아내리곤 합니다. 그렇게 폄하하면서 무슨 책임을 물으려 하나요? 권리를 존중받는 교사가 아이들을 잘 가르칠 수 있고, 권리를 존중받는 간호사가 환자를 잘 돌볼 수 있고, 안전과 휴식을 보장받는 버스기사가 버스를 안전하게 운전할 수 있습니다.

노동 인권은 물질적 자원만이 아니라 자유를 평등하게 나누는 것이고, 평등하게 자유로운 관계를 여는 권리입니다. 그래서 노동 인권은 노동자뿐 아니라 사회 구성원 모두의 권리를 지키고 향상시킵니다. 우리가 노동자로서 권리를 챙기는 것은 곧 시민이자 노동자로서 책임을 지는 일이라는 것을 기억합시다.

열 번째 당부
일과 삶의
균형

신경아 (한림대학교 사회학과 교수)

**일은 중요하지만,
삶의 한 부분일
뿐이죠**

크런치 모드, 쉬지 않고 일한다

'크런치 모드'(crunch mode)라는 말을 들어 본 적이 있나요? 크런치란 '으스러뜨리다' '으드득 으스러지는 소리'라는 뜻으로, 크런치 모드란 몸이 으스러질 만큼 쉬지 않고 일하는 것을 일컬어요. 게임 개발자들의 장시간 노동을 빗댄 말입니다. 이들은 새로운 게임을 개발하는 프로젝트를 할 때 마감일을 앞두고 집중적으로 일하는 비상근무에 들어가곤 합니다. 데드라인에 맞추기 위해 야근과 특근을 반복하는 것이지요.

2016년 한 게임 회사 직원 3명이 갑자기 사망하면서 그 원인으로 '장시간 노동'이 지적되었고 게임 등 소프트웨어 개발자들의 크런치 모드가 사회 문제로 떠올랐습니다. 회사가 크런치 모드로 돌입하면 개발자들은 평일에는 오전 10시부터 오후 9시까지 일하고, 공휴일과 토요일에도 정상 근무를 해야 하며, 일요일에는 선택적으로 출근하지만 9시간을 채워야 합니다. 막바지에는 아예 2박 3일, 3박 4일을 내내 회사에서 보내기도 하지요.

정의당 IT노동상담센터와 게임개발자연대 등이 진행한 「2017 게임 종사자 실태 조사」에 따르면 게임 산업 노동자 621명 중 84.2%가 크런치 모드로 일한 적이 있는 것으로 나타났습니다. 이들은 1년에 평균 70일 동안 크런치 모드로 일했고 이 기간에는 하루 평균 14.4시간 일했는데, 그중에는 하루 17시간 이상 일했다는 사람도 19.7%에 달했습니다. 최근에는 모바일 게임이 인기를 끌면서 게임 개발 시간이 더 짧아져 '상시 크런치 모드'라는 말까지 생겼습니다.

사실 이런 장시간 노동은 우리 사회에서 낯설지 않습니다. 1960년대 이래 '한강의 기적'이라고 불릴 만큼 우리나라가 압축적으로 경제 성장을 할 때 장시간 노동은 가장 중요한 요소였습니다. 노동자들이 더 오래 일하게 해서 생산량을 늘리고 이윤을 극대화하려 한 기업과 국가의 발전 전략이었지요. 장시간 노동과 함께 가는 것이 저임금입니다. 먹고살기에 부족한 임금을 받는 노동자들은 모자라는 생활비를 잔업과 야근 등을 해서 받는 초과 근무 수당으로 채울 수밖에 없었고 그러느라 하루 12시간을 넘나드는 노

● 「1년 중 70일 크런치 모드, 하루 17시간 이상 과로」, 『서울신문』 2018. 9. 30.

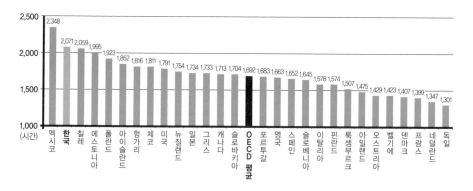

국가별 연간 근로 시간(임금 근로자 기준)

(자료: 고용노동부, 「2017년 기준 통계로 보는 우리나라 노동 시장의 모습」)

동을 감내해야 했습니다. 섬유 산업이 한창이던 1970년대에 청계 피복 공장의 전태일과 여성 노동자들은 하루 15시간이 넘도록 미 싱을 돌렸고, YH무역노조의 김경숙은 밤샘 작업으로 야학(夜學) 교실에 출석하지 못하는 슬픔을 일기에 남기기도 했지요. 이런 속 에서 한국인들은 '더 오래 일해서 더 많이 벌면 좋은 삶'이라는 고 정관념을 당연시해 왔습니다.

그로부터 반세기가 지난 지금도 여전히 우리나라는 전 세계에 서 가장 긴 시간 일하는 국가 그룹에 속해 있습니다. 2017년 기 준 한국은 노동 시간이 연간 2,071시간으로 경제협력개발기구 (OECD) 국가 중 멕시코에 이어 2위를 차지했습니다. 우리나라 노동자들은 경제협력개발기구 평균 노동 시간인 1,692시간보다

370시간 이상 더 일하고 있지요.

'과로 사회' 한국에만 있는 것

이런 역사는 오늘 우리의 삶에 어떤 특징을 가져왔을까요? 노동 시간과 관련해 우리나라에는 다른 국가에서는 찾아보기 어려운 현상이 있습니다. 바로 '과로사(過勞死)'입니다. 일을 너무 오래 또는 너무 많이 하다가 생명을 잃는 경우를 과로사라고 합니다. 아직까지 의학적인 엄밀한 정의는 없지만 대개 뇌혈관·심혈관 질병으로 업무상 사망했을 때 과로사로 의심할 수 있습니다. 우리나라에서는 2018년 한 해 동안 뇌·심혈관 질환으로 사망해 산업 재해 판정을 받은 사람이 457명이나 됩니다. 하루 1명 이상 목숨을 잃은 것이지요. 사망에 이르지는 않았지만 같은 질병을 앓아 산재 판정을 받은 사람은 같은 해에 1,153명에 이릅니다. 과로로 병을 앓았지만 산재 인정을 받지 못한 사람은 훨씬 더 많으리라는 추정도 가능하겠지요?

그런데 이 과로사라는 말은 다른 나라에서는 찾아볼 수 없는 단어입니다. 영어를 쓰는 나라들에는 과로라는 뜻의 '오버워크'(overwork), 일 중독증이란 뜻의 '워커홀릭'(workaholic)이라는 말은 있어도 일하다가 죽는 과로사를 뜻하는 낱말은 없습니다. 다만 일본에는 있습니다. 과로사는 일본어로 가로시(かろうし)입

니다. 한국과 일본에만 이런 말이 있는 거예요. 영미나 유럽에서는 일을 너무 많이 해서 죽음에 이르는 경우는 매우 드문데, 한국과 일본에서는 이것이 중요한 사회 문제가 되어 왔지요.

일본도 우리만큼 장시간 일하는 것이 관행이 된 나라입니다. 1990년대에 경제 위기가 오고 신자유주의가 확산되면서 많은 사람이 경쟁에서 살아남고 해고되지 않기 위해 장시간 노동을 계속해 왔습니다. 아침부터 밤까지 회사에 있는다고 해서 '회사 인간'이라는 말이 생길 정도지요. 그래서 일본은 최근 '과로사 방지법'을 제정했고 한국에도 비슷한 법이 입법 발의되어 있습니다.

우리 사회에서 과로사가 빈번한 것은 오래 일하는 것을 미덕으로 여기고, 오래 일하다가 맞는 죽음을 의로운 것으로 칭송해 온 문화에도 원인이 있습니다. 가끔 뉴스에서 일하다 쓰러진 의사의 죽음이 눈물과 감동의 스토리로 전해지기도 하지요. 희생은 숭고하지만, 이런 사건이 계속 일어나는 사회에서 의사들은 행복하게 살기 어려울 것입니다. 의사는 소득이 높고 전문직이라 하여 희망 직업 1순위에 속하지만 이런 직업도 과로에서 예외는 아닙니다. 대부분의 전공의가 한국 평균 노동 시간보다 300시간 이상 더 일하고 의사의 약 70%가 주 6일 근무하는 상황이지요. 환자에 앞서 자신의 건강을 지키는 것조차 어려울 지경입니다.

정년을 연장하고 싶은 이유

서구 사회에는 없지만 우리나라에서는 볼 수 있는 또 다른 현상으로 '정년 연장'에 대한 요구가 있습니다. 우리 정부는 2022년부터 노동자의 정년, 즉 퇴직 연령을 60세에서 65세로 점차 늦추어 가기로 결정했습니다. 현재 법정 정년은 만 60세인데 저출산과 고령화로 일할 수 있는 사람이 줄고 또 노년에도 소득이 필요해지면서 일할 수 있는 나이를 더 늘이려는 것입니다. 노동자들도 이를 요구했습니다. 노동자 대상 조사에서 '몇 살까지 일하고 싶은가?'라는 질문에 '70세 정도까지는 일하고 싶다'라는 항목을 선택한 사람이 가장 많았지요. 많은 한국인이 70세 정도까지는 일을 해서 돈을 벌어야 한다고 생각하는 겁니다.

반면 유럽 사회의 분위기는 정반대입니다. 정년을 연장하려는 정부 정책에 반대하는 목소리가 끊임없이 터져 나오고 있습니다. 2010년 가을, 유럽에서는 정년을 연장하려는 정부를 비판하는 시위가 계속됐습니다. 2008년 전 세계적 경제 위기로 재정 적자에 시달렸던 국가들이 연금 기금을 안정시키려고 노동자의 정년을 늦추려고 하자 그에 반대한 것입니다. 프랑스의 경우 60세였던 정년을 정부가 62세로 늦추려고 하자 노동자들이 강력하게 저항했습니다.

"죽을 때까지 일하란 말인가."

시위대는 이렇게 외치며 정년 연장을 거부했고 결국 프랑스 정부는 정년을 연장하지 못했습니다.[*]

독일에서도 2012년부터 65세인 정년을 67세로 연장하려는 정책을 추진해 왔습니다. 역시 연금 등 사회 보장 비용을 줄이기 위한 노력입니다. 그러자 독일 노동자들은 이 정책이 정부가 연금을 더 늦게 주려는 시도라고 생각하여 노동조합을 중심으로 반대 운동을 펼쳤습니다. 독일인의 약 60%는 55~60세에 은퇴해 그 이후에는 연금으로 생활하기 때문입니다. 독일 금속노조연맹이 2013년 실시한 조사에 따르면 67세까지 일할 수 있다고 응답한 사람은 조사 대상자의 절반도 되지 않았습니다.[**]

한국과 유럽 국가들의 정년 연장에 대한 노동자들의 태도가 이렇게 다른 이유는 무엇일까요? 여러 가지 이유가 있겠지만, 가장 중요한 것은 은퇴 이후의 삶을 보장하는 사회 복지 체계의 존재 여부일 것입니다. 유럽의 경우 1960년대부터 복지 국가 체제를 도입해 노년기의 삶에 대한 경제적 보장 체계를 잘 만들어 왔습니다. 하지만 우리나라는 아직 그것이 충분하지 못하지요. 개인이 자신의 생계를 전적으로 책임져야 하니, 사람들의 삶이 일 중심으로 꾸려질 수밖에 없습니다. 일이 중심인 삶이 좋아서라기보다 일 말고

● 「유럽 정년 연장에 감춰진 진실」, 『한국일보』 2010. 9. 15.
●● 「'60세 정년 시대' 독일, 2029년까지 67세로 연장」, 『연합뉴스』 2013. 5. 5.

다른 것을 선택할 자유가 부족한 것이죠.

일과 삶이 균형을 이루려면

그런데 최근 우리 사회에서도 일만 하는 삶에 대해 비판적으로 생각하는 이들이 늘어나고 있습니다. 잘 알려진 예로 '일과 생활의 균형'을 추구하는 '워라밸' 트렌드가 있지요?

일과 삶의 균형에 대한 생각은 지난 20세기 말에 유럽에서 먼저 나왔습니다. 일의 비중을 줄이고 일과 삶의 다른 영역 사이의 균형을 찾으려는 욕구, 그리고 이를 반영한 사회 정책과 관련이 있지요. 유럽 사회에서는 21세기가 되면서 '삶의 질'에 대한 관심이 높아졌는데 이와도 밀접한 관계가 있습니다.

삶의 질이란 무엇일까요? 인간이 누려야 할 삶의 목표와 기준선이라고 할 수 있습니다. 물질적인 소비뿐만 아니라 정신적인 행복까지 포함되지요. 삶의 질을 높이려면 일과 삶의 다른 영역 사이의 균형을 회복하는 것이 가장 중요합니다.

사실 유럽에서는 21세기가 되기 훨씬 전인 1960년대 이래 '일과 가족의 양립 정책'이 시행되어 왔습니다. 이 무렵 유럽 여성들은 적극적으로 직장에 나가 일하면서 남성들과 함께 아이를 키우고 가족을 돌보아 왔습니다. 그러면서 일과 가족 돌봄을 함께할 수 있도록 돕는 정책이 필요해졌지요.

노동자들은 혼자 사는 것이 아니지요? 아침에 출근해 일하고 저녁에 퇴근하면 대개 가족과 함께 하루를 마무리합니다. 가족에는 부모도 있지만 배우자와 자녀도 있지요. 함께 사는 가족이 누구든 우리는 서로를 돌보고 집안일을 해서 의식주를 해결해야 합니다. 특히 어린 자녀를 키우는 가정에서는 돌봄 노동에 많은 시간과 에너지를 쏟아야 합니다.

그런데 1990년대로 들어오면서 또 변화가 생겼습니다. 혼자 사는 사람들, 즉 1인 가구가 늘어났고 개인들은 가족 이전에 자신을 돌볼 필요성을 더 크게 느끼게 되었지요. 일과 가족 사이에서 지쳐 가는 자신을 돌보고 싶다는 욕구를 깨닫게 된 것이죠. 그러면서 사람은 누구나 일과, 자기 삶의 다른 영역이 균형을 이루는 삶을 살 권리가 있다는 것을 사회적으로 인정받기 시작했습니다. 유럽에서는 2000년부터 삶의 질 조사를 통해 일과 삶의 균형에 대한 욕구를 파악하기 시작했고 그 결과를 사회 정책에 반영해 왔습니다. 개인의 삶에서 일, 돌봄, 쉼(휴식), 여가 등 여러 활동을 충분히 그리고 적절히 해 나갈 수 있도록 시간과 자원을 배분하려는 노력입니다.

일과 삶의 균형을 이루려고 할 때 고려해야 할 것으로는 무엇이 있을까요? 먼저 '시간'이 있습니다. 모든 이에게 똑같이 주어진 하루 24시간을 어떻게 사용하는가에 따라 일에 치우친 삶을 살 수도 있고, 아닐 수도 있지요. 우리나라처럼 노동 시간이 지나치게 길면

'시간 빈곤' 문제가 발생합니다. 너무 오래 일을 하느라 잠자는 시간이 줄거나 식사 시간조차 모자랄 때, 가족과 함께할 시간을 갖지 못할 때, 친구를 만나거나 취미 활동을 할 여유가 없을 때, 그냥 쉬고 싶지만 그럴 시간이 없을 때 우리는 시간 빈곤 상태에 있다고 할 수 있습니다. 시간 빈곤은 경제적 빈곤, 즉 가난처럼 사람들이 명확한 문제로 잘 인식하지 못하지만, 지속되면 치명적인 결과를 가져올 수 있습니다. 번아웃이라 불리는 육체적 소진은 물론 심리적인 결핍이나 외로움, 소외감을 불러와 사람을 불행하게 만들지요.

일과 삶의 균형을 위해 고려해야 할 또 다른 것으로, '역할 전이'(role spillover), 즉 한 영역의 역할이 다른 영역의 역할을 침범하거나 영향을 주는 현상이 있습니다. 사람은 일터에서의 역할과 가족에서의 역할이 다릅니다. 그런데 일 중심 사회에서는 일터에서의 역할에 많은 시간과 에너지를 쏟느라 가족 안에서의 역할에 소홀해지기 쉽습니다. 예컨대 회사일이 너무 바빠서 가정에서 아버지 노릇을 제대로 하지 못하는 일이 벌어질 수 있지요. 어느 한 영역의 역할을 수행하느라 다른 영역의 역할 수행에 어려움을 겪을 때 부정적인 역할 전이가 일어납니다.

그 반대도 가능합니다. 두 역할을 각각 수행하는 데 큰 어려움이 없거나, 때로 두 역할이 서로 지지하고 보완하는 경험을 할 수도 있지요. 가족 안에서 행복을 느끼면 그 덕분에 마음이 안정되어 일터에서 더 열심히 일할 수 있겠지요. 긍정적인 역할 전이가 일어나는 것입니다. 예컨대 스웨덴이나 핀란드처럼 노동 시간이 짧은 나라에서는 남녀 모두 회사일과 자녀 양육을 둘 다 하며 살지만 출산율이 높습니다. 일하면서 아이를 키우는 삶이 충분히 가능하다고 생각하니 아이를 낳는 것이지요. 실제로 이들 나라에서는 아이를 낳으면 아빠든 엄마든 모두 육아 휴직을 자유롭게 쓸 수 있습니다. 혹 아이가 갑자기 아프기라도 하면 아빠 엄마 모두 돌봄 휴가를 눈치 보지 않고 쓸 수 있어요. 아이가 아플 때 언제든 누구든 달려갈 수 있는 거예요. 이런 사회에서는 일과 일상생활에서의 역할 수행이 서로 긍정적인 작용을 하게 되니 노동 생산성도 높고 삶의 만족도도 높습니다.

'과제 갈등'(task conflict)도 일과 삶의 균형을 생각할 때 중요한 고려 사항입니다. 이는 일터와 가정에서 해야 할 각각의 과제가 서로 충돌하는 상태를 말합니다. 만약 어떤 사회에 남성은 생계를 부양해야 하고 여성은 가족을 돌보아야 한다는 의식이 강하다면, 직장에서 일하는 여성은 심리적인 갈등에 빠질 수 있어요. 일하느라 가족을 제대로 돌보지 못한다는 죄책감을 느낄 수도 있고 자기 비난을 할 수도 있지요. 꼭 여성만 그런 것은 아니에요. 최근에는 '맞벌이 맞돌봄' 가족이 늘어나고 있기 때문에 남성 역시 일터와 가족에서 주어지는 과제들의 충돌을 과거보다 더 강하게 경험할 수 있습니다. 회사 분위기가 일 중심이어서 저녁 늦게까지 회사에 남아 일해야 하는 상황에 처한 부모들은 집에서 자신을 기다릴 아이들을 생각하면 불안하고 안타까울 거예요. 밥도 먹이고 숙제도 살펴 주어야 하는데 그러지 못해 아이가 학교생활에 적응하지 못할까 봐 걱정도 들겠지요.

일과 삶이 균형을 이루는 정도는 우리가 어떤 사회적 조건 속에 살고 있는가에 따라 달라집니다. 그런데 이런 조건들은 개인의 힘으로만 해결할 수는 없습니다. 사회 전체가 바뀌어야 하지요. 사람들이 시간 빈곤에 빠지지 않고 여러 가지 역할에 충실하면서 자신의 과제를 적절히 해 나갈 수 있는 사회적 여건을 만들어 가야만 비로소 일과 삶의 균형이 이루어질 수 있습니다.

어떤 삶이 더 행복한가

통계청이 발표한 「2019년 사회 조사」를 살펴보면, '일과 가정 중 어느 쪽을 우선시하는가?'라는 질문에 응답자의 44.2%가 '둘 다 비슷하다'고 답했습니다. '일이 우선'이라는 응답(42.1%)보다 더 높은 비율입니다. 2011년만 해도 '일이 우선'이라는 응답이 20%포인트 이상 더 높았지만 격차가 줄다가 2019년에 처음으로 뒤집어졌지요. 이제 우리나라에도 일이 우선이라는 사람보다 일과 가족이 모두 중요하다는 사람이 늘고 있어요. 일 중심인 삶에서 벗어나려는 욕구를 가진 사람들이 늘어나고 있는 것이지요. 점점

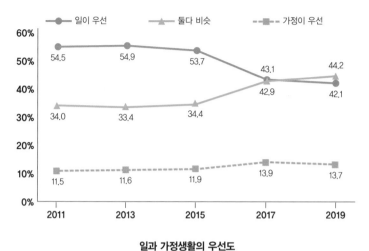

일과 가정생활의 우선도

(자료: 2019 사회 조사 보고서)

더 많은 사람이 '어떤 삶이 더 행복한가?'라는 질문을 던지기 시작했어요.

이런 질문에 사회가 먼저 답해야 합니다. 일과 삶의 균형을 가능하게 하는 사회적 조건을 갖추어야 하니까요. 노동 시간은 줄이고 휴식과 휴가 시간, 개인과 가족을 돌보는 시간은 더 확대하려는 제도적 변화가 필요합니다. 노동 시간 단축, 휴가·휴직 확대, 노동자의 시간 주권 보장 등이 계속 이루어져야 합니다. 하지만 사회는 그냥 바뀌지 않지요. 변할 수 있도록 시민들이 꾸준히 요구해야 합니다. 사회를 바꾸어야 우리의 삶도 달라질 수 있습니다.

창비청소년문고 36

열 가지 당부
십 대부터 알아야 할 노동 인권 이야기

초판 1쇄 발행 • 2020년 1월 3일
초판 6쇄 발행 • 2024년 4월 5일

지은이 • 하종강 이수정 김영민 하지현 류은숙 곽한영 임지선 정혜연 윤자영 신경아
펴낸이 • 염종선
책임편집 • 김선아
조판 • 박아경
펴낸곳 • (주)창비
등록 • 1986년 8월 5일 제85호
주소 • 10881 경기도 파주시 회동길 184
전화 • 031-955-3333
팩시밀리 • 영업 031-955-3399 편집 031-955-3400
홈페이지 • www.changbi.com
전자우편 • ya@changbi.com

ⓒ 하종강 이수정 김영민 하지현 류은숙 곽한영 임지선 정혜연 윤자영 신경아 2020
ISBN 978-89-364-5236-0 43300